ایران فردا

طرح ده‌ماده‌یی مریم رجوی
برای آینده ایران

(چاپ دوم)

ایران فردا - طرح ده ماده‌یی مریم رجوی برای آیندهٔ ایران
شماره ثبت: ۹-۱۰-۴۹۱۶۱۵-۲-۹۷۸
تاریخ انتشار: فروردین ۱۴۰۲
انتشارات شورای ملی مقاومت ایران

فهرست

طرح ۱۰ ماده‌یی مریم رجوی برای آینده ایران.................. صفحه ۶

ماده اول .... صفحه ۹

ماده دوم .... صفحه ۲۵

ماده سوم .... صفحه ۲۹

ماده چهارم .... صفحه ۴۹

ماده پنجم.............. صفحه ۵۵

ماده ششم............... صفحه ۷۱

ماده هفتم .... صفحه ۷۵

ماده هشتم................ صفحه ۸۱

ماده نهم ....صفحه ۸۵

ماده دهم .... صفحه ۸۹

ما آمده‌ایم که امیدها و باورها را شکوفا کنیم،

تا دیوار اختناق درهم بشکنند،

تا راه سرنگونی استبداد دینی گشوده شود.

تا آزادی و جمهوری و دموکراسی و برابری در ایران بر پا شود.

ما رسالت بزرگ خود را که انتقال حاکمیت به‌جمهور مردم ایران است، به‌هر قیمت به‌پیروزی می‌رسانیم.

مریم رجوی

طرح ۱۰ ماده‌یی مریم رجوی برای آیندهٔ ایران

طرح ده ماده‌یی مریم رجوی برای آیندهٔ ایران، نخستین بار در آذرماه سال ۱۳۸۵ توسط وی در جلسه‌یی در شورای اروپا ارائه شد.

این طرح تا کنون بارها توسط قطعنامه‌هایی از سوی کنگرهٔ آمریکا و برخی پارلمان‌های اروپایی و همچنین از سوی شخصیت‌های بین‌المللی به عنوان سیمای یک ایران آزاد مورد توجه قرار گرفته است.

۱- نه به ولایت فقیه. آری به حاکمیت مردم در یک جمهوری با رأی آزاد و کثرت‌گرا

۲- آزادی بیان، آزادی احزاب، آزادی اجتماعات، آزادی مطبوعات و فضای مجازی

انحلال سپاه پاسداران، نیروی تروریستی قدس، لباس شخصی‌ها، بسیج ضد مردمی، وزارت اطلاعات، شورای انقلاب فرهنگی و همه گشت‌ها و نهادهای سرکوبگر در شهر و روستا و در مدارس، دانشگاه‌ها، ادارات و کارخانه‌ها

۳- تضمین آزادی‌ها و حقوق فردی و اجتماعی طبق اعلامیهٔ جهانی حقوق‌بشر

انحلال دستگاه‌های سانسور و تفتیش عقاید، دادخواهی قتل‌عام زندانیان سیاسی، ممنوعیت شکنجه و لغو حکم اعدام

۴- جدایی دین و دولت، آزادی ادیان و مذاهب

۵- برابری کامل زنان و مردان در حقوق سیاسی و اجتماعی و فرهنگی و اقتصادی و مشارکت برابر زنان در رهبری سیاسی، لغو هرگونه تبعیض، حق انتخاب آزادانهٔ پوشش، ازدواج، طلاق، تحصیل و اشتغال. منع بهره‌کشی از زنان تحت هر عنوان

۶- دادگستری و نظام قضایی مستقل طبق معیارهای بین‌المللی مبتنی بر اصل برائت، حق دفاع، حق دادخواهی، حق برخورداری از محاکمه علنی و استقلال کامل قضات. الغای قوانین شریعت آخوندی و بی‌دادگاه‌های انقلاب اسلامی

۷- خودمختاری و رفع ستم مضاعف از اقوام و ملیت‌های ایرانی طبق طرح شورای ملی مقاومت برای خودمختاری کردستان ایران

۸- عدالت و فرصت‌های برابر در اشتغال و در کسب و کار و بازار آزاد برای تمام مردم ایران. احقاق حقوق کارگر و دهقان، پرستاران، کارمندان، فرهنگیان و بازنشستگان

۹- حفاظت و احیای محیط زیست قتل‌عام شده در حکومت آخوندها

۱۰- ایران غیر اتمی و عاری از تسلیحات کشتارجمعی، صلح، همزیستی و همکاری‌های بین‌المللی و منطقه‌یی

۱ - نه به ولایت فقیه
آری به حاکمیت مردم در یک جمهوری
با رأی آزاد و کثرت‌گرا

حق حاکمیت مردم حیاتی‌ترین حق

رژیم آخوندی، حق حاکمیت مردم را که حیاتی‌ترین حق مردم ایران است، از آنان ربوده است. طبق نخستین مادهٔ برنامهٔ شورای ملی مقاومت ایران، دولت موقت برآمده از مقاومت «اساساً وظیفهٔ انتقال حاکمیت به مردم ایران» را به عهده دارد. این وظیفه، باید حداکثر ضمن ۶ماه پس از سرنگونی رژیم آخوندها، با تشکیل «مجلس مؤسسان و قانون‌گذاری ملی»، از طریق انتخابات آزاد، با رأی عمومی، مستقیم، مساوی و مخفی مردم ایران، به‌انجام برسد. به محض تشکیل «مجلس مؤسسان و قانون‌گذاری ملی» و اعلام آمادگی این مجلس برای تقبل مسئولیت‌ها و وظایفش، دولت موقت، استعفای خود را به این مجلس تقدیم می‌کند. قدرت و حاکمیت از آن جمهور مردم ایران است. شاخص و تنها معیار، رأی آزادانه و مستقیم و مساوی و مخفی مردم ایران است (۱).

حاکمیت مردم، به جای حاکمیت شیخ و شاه

شورای ملی مقاومت ایران، وظیفهٔ خود را انتقال حاکمیت به مردم ایران می‌داند. برنامهٔ شورا حق تصمیم‌گیری و تعیین سرنوشت توسط مردم

را به‌رسمیت شناخته و اعلام کرده است که «احراز حاکمیت مردمی... ارزشمندترین ره‌آورد مقاومت عادلانهٔ مردم ایران است». و لازمهٔ حاکمیت مردم، «تأمین و تضمین هرچه بیشتر وسایل، امکانات و طرق دخالت و مشارکت همهٔ مردم در اخذ و اجرای تصمیمات است».

در واقع روح اساسی برنامهٔ شورا، چکیدهٔ طرح‌ها و مصوبات‌اش و مضمون مهم‌ترین موضع‌گیری‌ها و بیانیه‌هایش در یک کلام، اصل حاکمیت مردم، به جای حاکمیت و ولایت شیخ و شاه است (۲). (پیوست یک)

آرای مردم تنها ملاک سنجش

از نظر ما آرای مردم، تنها ملاک سنجش است و بر همین اساس، خواهان یک حکومت جمهوری مبتنی بر آرای مردم هستیم. ما در پی بنای یک جامعهٔ آزاد و دموکراتیک هستیم.

یک قرن پیش، مجاهدان مشروطه در پی «عدالت، حریت، مساوات و اتحاد» بودند. سپس مصدق بزرگ به‌پاخاست که می‌گفت «مقصود این است که مردم در نیک و بد امور شرکت کنند و مقدرات مملکت را به‌دست گیرند». آنگاه فدایی‌ها و مجاهدین و دیگر پیشتازان مبارز، برای سقوط دیکتاتوری پیشین راه گشودند و حالا مقاومت ما با کهکشان شهیدانش، برای انتخاب آزادانهٔ یکایک مردم ایران به‌پاخاسته است.

ما نظام استبدادی حاکم را باطل اعلام کرده‌ایم، ما دین اجباری و زن‌ستیز را باطل اعلام کرده‌ایم، ما قانون اساسی ولایت فقیه را باطل اعلام کرده‌ایم. قانون اساسی ما، آزادی، دموکراسی و برابری است. قانون اساسی ما نه در مصوبات خبرگان جنایت، بلکه امروز در قلب یکایک ایرانیان حک شده و فردا توسط مؤسسان منتخب مردم نوشته خواهد شد.

مبنای این قانون، یک جمهوری آزاد، بردبار و پیشرفته است، مبنای آن

کثرت‌گرایی و جدایی دین و دولت، برابری زن و مرد و مشارکت فعال و برابر زنان در رهبری سیاسی است. اصول ما برابری حقوق ملیت‌ها و اقلیت‌های مذهبی و جامعه‌یی بدون شکنجه و اعدام است (۳).

نقشه مسیر ما

نقشه مسیر ما برای تحقق خواست‌های ملت ایران، نبرد تمام عیار برای سرنگونی رژیم آخوندی است. هدف ما، آزادی، دموکراسی، برابری و استقرار یک جمهوری مبتنی بر جدایی دین از دولت است. در این مسیر، ما بر مرزبندی با تمامیت رژیم حاکم و بر همبستگی با همهٔ مدافعان راستین سرنگونی این رژیم، تأکید می‌کنیم. شورای ملی مقاومت به همین منظور تأسیس شده است؛ برای سرنگونی رژیم ولایت فقیه. قدرت و حاکمیت از آن جمهور مردم ایران است (۴).

حرف ما این نیست که آخوندها بروند تا ما جایگزین آن‌ها شویم؛ حرف ما این است که رأی و انتخاب و نظر مردم ایران، حاکمیت پیدا کند. ما آمده‌ایم که فدای انتخاب آزادانهٔ مردم ایران شویم. این انتخابی است که ایران را سرشار از اعتماد و گلستان آزادی و عدالت می‌کند و چنین خواهد شد.

می‌پرسید سیاست ما چیست و چه مسیری در پیش داریم؟
جواب، نبرد است و پیکار در همهٔ اشکال، در همه جا و با تمام توان.
می‌پرسید هدف ما چیست؟
جواب، این است: برقراری آزادی، دموکراسی و برابری در ایران اسیر. اگر این مبارزه، دشواری‌های بسیار دارد، و اگر راهی طولانی است با رنج بسیار، چه باک؟ زیرا برخاسته‌ایم تا همهٔ وجود و هستی‌مان را فدای آزادی مردم ایران کنیم (۵).

الگویی برای یک ایران دموکراتیک

مسئول شورا از آغاز می‌گفت ما «می‌خواهیم الگویی را ارائه بدهیم که براساس آن تمامی مسائل‌مان در ایران پس از خمینی در یک فضای دموکراتیک و در یک راستای مردمی قابل حل و فصل باشد» (۶).

شورای ملی مقاومت به‌این تعهد وفادار است که هدف‌اش نه کسب قدرت بلکه انتقال قدرت به‌مردم ایران است. طبق مصوبات شورا، دولت موقت بایستی حداکثر طی ۶ ماه از طریق یک انتخابات آزاد، مجلس موسسان و قانونگزاری ملی را تشکیل دهد. وظیفهٔ انتقال حاکمیت تا آن‌جا که به دولت موقت مربوط می‌شود، به محض تشکیل مجلس موسسان و قانونگذاری ملی، پایان می‌پذیرد.

از دیگر ارزش‌ها و سنت‌های این شورا و منش دموکراتیک آن رعایت این قاعده است که تعادل قوا در مناسبات درونی خود را مردود شناخته و به‌جای آن قاعده «رأی متساوی» و «هر عضو یک رأی» را در پیش گرفته است. اعم از این که نمایندهٔ یک سازمان، مثلاً مجاهدین باشد یا یک شخصیت منفرد که به عضویت شورا پذیرفته شده است.

این روش در تاریخ ائتلاف‌های سیاسی بی‌سابقه است. زیرا هر ائتلافی بر اساس توازن قوای احزاب شرکت‌کننده‌اش شکل می‌گیرد، سپس همهٔ تصمیم‌ها و توافق‌ها بر پایهٔ همین توازن صورت می‌گیرد؛ در نتیجه نه فقط شخصیت‌های منفرد بلکه جریان‌های کوچک‌تر هم نقشی پیدا نمی‌کنند. در طول این سالیان مسئول شورا، هرگز و هیچ‌گاه هیچ طرح و تصمیمی را بدون اقناع و به‌دست آوردن توافق سازمان‌ها و شخصیت‌های عضو شورا پیش نبرده است. یعنی شورا در مناسبات درونی خود، اصل را بر بحث و اقناع گذاشته و در تصویب تمام طرح‌ها و مصوبات خود بدون استثنا از این اصل پیروی کرده است. مخصوصاً که ما در تبعید هستیم

و دور از خاک میهن، حفظ ائتلاف و اتحاد و حرکت شورایی به واقع کار مشکلی است. در برنامهٔ شورا هم آمده است که علاوه بر عبور همگان «از بوتهٔ آزمایش نظرسنجی و انتخاب عمومی»، تا آن‌جا که امکان‌پذیر است، باید «شیوه بحث و اقناع عمومی و آزاد» در پیش گرفته شود.

شورای ملی مقاومت با ارائهٔ یک برنامهٔ پیشرو و طرح‌های پیشتازانه برای ایران آزاد فردا، سطح سیاسی و درجهٔ ترقی‌خواهی جنبش مبارزاتی و جامعهٔ ایران را اعتلا بخشیده است.

اعتبار و جدیت طرح‌ها و مصوبه‌های شورا از آن‌جاست که موضوع تعهد جنبشی است که پیوسته در حال مقاومت و نبرد در برابر رژیم آخوندی‌ست و در برانگیختن نسل پیشرو جامعهٔ ما به‌طرف یک چشم‌انداز رهایی‌بخش موثر بوده است. همین مبارزه بی‌وقفه، دینامیسم ماندگاری شورا و اعتلای آن بوده و هست.

تاجایی که من می‌دانم شورا تنها نمونه در تاریخ سیاسی معاصر است که خروج، یا اخراج یا خیانت مدعیان یا پیوستن آن‌ها به اردوی رژیم را ـ مورد به‌مورد ـ با شفافیت کامل، در بیانیه‌ها، قطعنامه‌ها و نشریات و به‌خصوص گزارش‌های مسئول شورا با مردم ایران در میان گذاشته است. در این خصوص، ما هیچ‌گاه با هیچ‌کس و هیچ جریانی در این ۴۰ سال، شروع‌کننده نبودیم. بلکه همان‌طور که مسئول شورا بارها به مناسبت‌های مختلف گفته ما پایان‌دهندهٔ مشکل ایجادشده بوده‌ایم چرا که معیار یگانهٔ ما، نبردمان برای سرنگونی رژیم است.

به خصوص در مورد کسانی که با عبور از خط قرمزهای شورا در صدد راه‌یابی به نزد آخوندها بودند یا در دام وزارت اطلاعات افتادند و خود را به اصطلاح منتقد شورا و مجاهدین قلمداد کردند این هم از فرازهای این شورا در این سالیان بوده است.

از قدیم گفته‌اند به آن صنعتگری اعتماد کنید که از سحر تا شام صدای پتک از کارگاهش قطع نمی‌شود. مردم ایران نیز به این مقاومت اعتماد می‌کنند زیرا ۴۰سال است یک سره طنین پتک‌های نبرد و پیکار این جنبش را می‌شنوند.

مسئول شورا، برای حراست از خون‌ها و رنج‌های مردم ایران و رشیدترین فرزندان‌شان، و برای تضمین آیندهٔ ایران، این جایگزین را پیشنهاد و پی‌ریزی و با آزمایش‌ها و رنج بسیار پایداری آن را در این ۴۰ ساله تضمین کرده و می‌کند. (پیوست دو)

اعضای پایدار و پشتیبانان وفادار شورا هم در این چهار دهه نشان دادند که به این رسالت عمیقاً آگاهند و نشان داده‌اند که برای حفظ این جایگزین مستقل در برابر هیچ دولت و قدرتی کوتاه نمی‌آیند و کم‌ترین خدشه‌یی به آن را تحمل نمی‌کنند. نشان داده‌اند که برای نگاه‌بانی از مرزها و حصارهای مردم ایران در برابر تمامیت رژیم ولایت فقیه، هر قیمتی را پرداخته و می‌پردازند. نشان داده‌اند که در هر تلاطمی، در هر آزمایشی، در هر سختی و زیر هر فشاری، از تمرکز تمام عیار خود روی مبارزه برای سرنگونی رژیم دست برنمی‌دارند و همه چیز را در کفهٔ مبارزه و مقاومت برای آزادی می‌ریزند.

این شورا بخشی از تاریخ ایران و در واقع چتر سیاسی نبرد خلق برای آزادی، استقلال، عدالت و پیشرفت اقتصادی و اجتماعی است. تاریخ آیندهٔ ایران، در هر حال، جایگاه ویژهٔ مسئول شورا و حرکت عظیم او را ارج خواهد گذاشت و عمیقاً تحت تأثیر این جایگزین دموکراتیک و خدمات بزرگ آن برای پیشبرد آرمان آزادی و حاکمیت مردم است. شورای ملی مقاومت از روز اول تا امروز، با افتخار تمام پای این نبرد تاریخی ایستاده و می‌ایستد تا روز پیروزی و انتقال حاکمیت به مردم ایران (۷).

پانویس:
۱ - سخنرانی مریم رجوی در کنوانسیون سراسری ایرانیان سالگرد قیام ضدسلطنتی ـ ۱۹بهمن۱۳۹۲
۲ - سخنرانی مریم رجوی در اجلاس سه روزهٔ شورای ملی مقاومت ایران به‌مناسبت آغاز چهلمین سال تاسیس شورا - ۲ تا ۵مرداد۱۳۹۹
۳ - سخنرانی مریم رجوی در گردهمایی بزرگ مقاومت ایران در پاریس- ۲۳خرداد۱۳۹۴
۴ - سخنرانی مریم رجوی در کنوانسیون سراسری ایرانیان در پاریس ۱۹بهمن۱۳۹۲
۵ - سخنرانی سخنرانی در گردهمایی بزرگ مقاومت ایران- اول تیر۱۳۹۲
۶ ـ سخنرانی مسعود رجوی، مسئول شورای ملی مقاومت، به‌هنگام تصویب طرح آزادی‌ها و حقوق زنان ـ ۴اردیبهشت ۱۳۶۶
۷- سخنرانی مریم رجوی در اجلاس سه روزهٔ شورای ملی مقاومت ایران- ۸ مرداد ۱۳۹۹

پیوست یک

در بارهٔ مرزبندی نه شاه نه شیخ

تجربهٔ مقاومت ایران چکیدهٔ ۱۲۰ سال مبارزهٔ مردم ایران برای آزادی است. تجربهٔ بزرگ ما و مردم ما از فردای سی خرداد، در عبارت «نه شاه نه شیخ» فشرده شده و این معنای حقیقی، واقعی و ضروری آزادی و استقلال در میدان عمل است (۱).

شالودهٔ شورای ملی مقاومت ایران از روز اول، «نه شاه، نه شیخ» بوده است. مرزبندی «نه شاه، نه شیخ» یعنی نفی نظام‌هایی که بر شکنجه و کشتار و غارت و وطن‌فروشی و محروم‌سازی مردم استوارند و در مقابل دو دیکتاتوری شاه و شیخ، شورای ملی مقاومت بر اصل آزادی‌ها و حاکمیت مردم استوار شده. یعنی: رأی و انتخاب آزادانه یکایک مردم، آزادی و دموکراسی، برابری زن و مرد، خودمختاری ملیت‌ها، حقوق بشر، مشارکت مردم در سرنوشت خودشان، عدالت اجتماعی و اقتصادی و همچنین همبستگی ملی.

در یک قرن گذشته دو جریان اساسی به موازات هم در حال پیدایش و رشد بوده‌اند:

جریان اول، یک نظام به شدت مستبد است که رژیم‌های سلطنتی و آخوندی به‌رغم تفاوت ماهوی فاحش خود، در بنای آن همدست بوده‌اند و جریان دوم، برپایی یک جایگزین از درون جبههٔ مردم و برای حاکمیت آزادی و جمهور مردم است. این چکیدهٔ تاریخ سیاسی یک صد سال اخیر است.

مرور این تاریخ، نتیجهٔ مهم دیگری را هم به‌دست می‌دهد:

اینکه الگوی سلطنت که الگوی وابستگی و استبداد است، شکست خورد. الگوی ولایت فقیه نیز که الگوی استبداد دینی است، شکست خورده است؛ استبداد سیاه رضاخانی، ایران را در ورطهٔ اشغال متفقین رها کرد، دیکتاتوری پسرش به حاکمیت ارتجاع مذهبی منجر شد، خمینی ایران را با جنگ ۸ساله و با قتل‌عام و نسل‌کشی جنون‌آسا در هم کوبید و خامنه‌ای ایران را در جنگ‌های منطقه‌یی و در سرکوب و گرسنگی و بیماری فرو برد.

پس هر دو الگو شکست خورده‌اند و راه حل، همین شوراست که از نفی وابستگی و نفی استبداد دینی سربرداشته است. همه می‌دانیم که شالودهٔ شورای ملی مقاومت ایران از روز اول، «نه شاه، نه شیخ» بوده است. مرزبندی «نه شاه، نه شیخ» یعنی نفی نظام‌هایی که بر شکنجه و کشتار و غارت و وطن‌فروشی و بر محروم‌سازی مردم استوارند.

در مقابل دو دیکتاتوری شاه و شیخ، شورای ملی مقاومت بر اصل آزادی‌ها و حاکمیت مردم استوار شده است. یعنی: رأی و انتخاب آزادانهٔ یکایک مردم، آزادی و دموکراسی، برابری زن و مرد، خودمختاری ملیت‌ها، حقوق‌بشر، مشارکت مردم در سرنوشت خودشان، عدالت اجتماعی و اقتصادی و هم‌چنین همبستگی ملی. همهٔ این‌ها موضوع نبرد ما با ارتجاع حاکم از شروع حکومت خمینی تا امروز است (۲).

هم‌دستی شاه و شیخ در برقراری استبداد و ستم در تاریخ ایران
کسانی که انقلاب ضدسلطنتی را مساوی با حاکمیت منحوس خمینی معرفی می‌کنند، تاریخ را تحریف می‌کنند. آن‌ها حقیقت انقلاب را نادیده می‌گیرند. انگار که تاریخ ایران در این منحصر شده که دیکتاتوری‌ها و حکومت‌های مطلقه و خودکامه را شکل بدهد. اما آیا در این تاریخ، مردم

و نمایندگان واقعی‌شان جایی نداشته‌اند؟ آیا فرزندان انقلابی آن‌ها وجود خارجی نداشته‌اند؟ آیا این ملت، جنبش و نیروی انقلابی و آلترناتیوی از خودش نداشته و هرچه بوده یا شاه بوده یا شیخ؟
راستی حقیقت چیست؟

حقیقت این است که خمینی و خامنه‌ای وارثان حقیقی شاهاند.

آن‌ها محصول خطای عظیم سیاست دولت‌های غرب‌اند که به کودتا علیه دولت ملی مصدق فقید دست زدند و راه نیروها و گرایش‌های ملی و دموکراتیک را بستند و برای یک آلترناتیو ارتجاعی راه گشودند. این رژیم، نتیجهٔ سرکوب جنبش‌های انقلابی توسط شاه خائن است. به‌طوری که از خلاء ناشی از آن خمینی سربرآورد. تاریخ ایران پیوسته شاهد بوده که شاه و شیخ در برقراری استبداد و ستم و در غارت مردم بی‌نوا هم‌دست و هماهنگ عمل کرده‌اند. امروز هم می‌بینیم که از یک طرف، شکنجه‌گران و مظاهر فاسد دیکتاتوری سابق در زمرهٔ مستخدمان رژیم درآمده‌اند. از طرف دیگر، مزدوران آخوندها، مبلغان سلطنت مدفون شده‌اند تا این‌طور جا بیندازند که در ایران یا باید شاه، سلطنت کند یا ولایت شیخ برقرار باشد و جایی برای دموکراسی و حاکمیت جمهور مردم وجود ندارد (۳).

پانویس:

۱- سخنرانی مریم رجوی در اولین اجلاس جهانی ایران آزاد- ۱۹ تیر ۱۴۰۰

۲- سخنرانی مریم رجوی در اجلاس سه روزهٔ شورای ملی مقاومت ایران- ۸ مرداد ۱۳۹۹

۳- سخنرانی مریم رجوی در سالگرد انقلاب - ۱۷ بهمن ۱۳۹۷

پیوست دو

در بارهٔ آلترناتیو

وقتی از آلترناتیو صحبت می‌کنیم، یک ادعا یا عنوان کلی نیست که ما به‌ازا و اثری در تلاطم‌های روزمرهٔ نبرد با رژیم نداشته باشد. بلکه نیرو و ساز و کار شکافنده و هدایت‌گری است که جهت را برای مجموعه فعالیت‌های مبارزاتی مشخص می‌کند و روشن می‌سازد چه گام‌هایی باید برداشت؛ در کدام جهت، با کدام شعار، با چه وحدت و تضادهایی و با کدام اولویت‌ها. چیزی است که روزانه در زمین سخت و ناهموار مبارزه، حل‌المسائل جنبش است. هدف‌ها را نشان می‌دهد، سره را از ناسره تشخیص می‌دهد، تمیزدهنده میان خط صحیح از انحراف است، دارایی خلق و مقاومت را از دست‌برد رژیم و همدستان‌اش در امان نگه می‌دارد و در یک کلام شاقول مبارزه برای سرنگونی است.

می‌خواهم نتیجه بگیرم که این آلترناتیوی است که ریشه‌هایش در یک نبرد بی‌امان و طولانی با استبداد دینی محکم شده است. نیرویی که در مقابل یک فاشیسم دینی ایستاده، خودش را سازمان داده طرح و برنامه داشته و قیمت ایستادگی را روز به روز پرداخته است و در این سال‌ها هر چه شرایط سخت‌تر می‌شود بر تعهدپذیری و جنگندگی‌اش افزوده می‌شود. هم‌چنین بر مرزبندی‌هایش ایستادگی کرده و بر اصول و ارزش‌های دموکراتیک و آزادی‌خواهانه پا فشرده و آن را از آسیب و گزند دشمن در امان نگه داشته است. اگر نبود این عزم جزم برای ایستادن به هر قیمت در برابر فاشیسم دینی در تمام پهنه‌های فرهنگی، اجتماعی و سیاسی، راستی سرنوشت ایران و مردم ایران با یکه‌تازی استبداد خون‌آشام

و مهیب چه می‌شد؟
به سرفصل‌ها که نگاه کنیم از ۳۰خرداد تا ۳مرداد سالگرد عملیات فروغ جاویدان تا ۶و ۷مرداد، روزهای ایستادگی مجاهدان اشرفی با دست خالی در برابر حملهٔ مزدوران مالکی و تا ۷مرداد پرواز مسعود از قلب فرودگاه شکاری تهران، همهٔ این‌ها یک چیز را بازگو می‌کند:
این‌که تاریخچهٔ این مقاومت که پر از سرفصل‌های حیاتی و تصمیم‌گیری‌های پر ریسک و پر قیمت بوده، رژیم را به این شکنندگی و استیصال رسانده و این مقاومت و آلترناتیو را در حداکثر تهاجم قرار داده است (۱).

صنعت آلترناتیوسازی

صنعت آلترناتیوسازی مجازی و مونتاژ در بازار سیاست با کپی‌چسبان رونق یافته است. این هم البته از علائم دوران پایانی رژیم است. اما مسأله این است که چگونه می‌خواهند این رژیم را زمین بزنند؟ به‌خصوص که رود سرخ و آتشین خون شهیدان به‌طور تاریخی نه جایی برای سبز شدن ارتجاع آخوندی باقی گذاشته نه برای ارتجاع سلطنتی.

حال اگر: بدون تشکیلات و سازمان رهبری‌کننده، بدون عبور از کوره‌های گدازان سنجش و آزمایش، و بدون پرداخت قیمت و فدا و مجاهدت می‌توان به‌کار این رژیم پایان داد، ما می‌گوییم بفرمایید درنگ نکنید.

اگر بدون سابقه و پشتوانهٔ جنگیدن با شاه و شیخ، بدون مرزبندی با دیکتاتوری و وابستگی، بدون مقاومت سراسری و کهکشان شهیدانش، بدون در افتادن با اصل ولایت فقیه و اصلاح‌طلبان قلابی، می‌توان حاکمیت مردم را جایگزین کرد بفرمایید، درنگ نکنید.

اگر بدون مقابله با خمینی بر سر جنگ ضد میهنی و گل‌گرفتن تنور جنگ و شعار «فتح قدس از طریق کربلا»، بدون تحمیل آتش‌بس با یک صد

رشته عملیات ارتش آزادیبخش ملی، و فتح مهران و پیشروی تا دروازهٔ کرمانشاه، و بدون افشای جهانی برنامه‌ها و تأسیسات اتمی و موشکی و شیمیایی و میکروبی رژیم آخوندی، می‌توان آخوندها را به زیر کشید، بله درنگ نکنید.

اگر بدون افشای جهانی نقض حقوق بشر و جنایت‌های رژیم در ۶۴ قطعنامهٔ ملل متحد بدون جنبش دادخواهی زندانیان سیاسی قتل‌عام شده بدون کارزار اشرف‌نشان‌ها در چهار گوشهٔ جهان و پای کوبیدن برای حقوق ملت ایران به مدت ۴دهه، بدون برنامه و طرح‌های مشخص شورای ملی مقاومت و دولت موقت برای دوران انتقال حاکمیت به مردم ایران و سرانجام ، بدون رهبری آزموده و مشخص، می‌توان راه ۵۰ساله را یک‌شبه طی کرد و مانند خمینی قدرت را صرفاً با رویای حمایت خارجی قبضه کرد، بفرمایید این گوی و این میدان.

اما بگذارید بگویيم که این خواب و خیال فقط با الگوی اشغال کشور عراق، یعنی با جنگ و لشکرکشی زمینی محقق می‌شود. غیر از آن محال است. در این ۴۰سال، مدعیانی که اهل قیمت دادن نبودند، همه، شانس خود را آزمودند. ولی واقعیت‌ها و تجربه‌ها، نشان داده که این رژیم تاریک و سیاه نه استحاله و اصلاح می‌شود نه «سبز» و «مخملی». سرنگونی این رژیم، لاجرم قیمت می‌خواهد. صداقت و فدا می‌خواهد. سازمان و تشکیلات و جایگزین مستحکم سیاسی می‌خواهد.کانون شورشی می‌خواهد و ارتش آزادی.

در عین حال، چنان که مسعود در جمع‌بندی قیام دی ماه گفته است: «ما رقیب کسی برای رسیدن به قدرت نیستیم. و قطعاً کسی هم رقیب مجاهدین در مسیر صدق و فدا و پرداخت کردن نیست».

مقاومت ایران از ۱۶سال پیش با تصویب طرح جبههٔ همبستگی ملی برای

سرنگونی استبداد مذهبی اعلام کرده است حاضر به همکاری با همهٔ نیروهای جمهوری‌خواهی است که به نفی کامل رژیم ولایت فقیه التزام دارند و برای یک ایران دموکراتیک و مستقل و مبتنی بر جدایی دین از دولت مبارزه می‌کنند. ما معتقدیم که رهایی جامعه از فقر، بیکاری، زاغه‌نشینی، قحطی آب و فجایع زیست‌محیطی امکان‌پذیر است. اما قبل از هر چیز حقوق سیاسی و مشخصاً حق حاکمیت پایمال‌شدهٔ مردم ایران باید اعاده و احیا شود. این خاستگاه مقاومت ما و فلسفهٔ وجودی شورای ملی مقاومت ایران است (۲).

ما به تضادهای درون رژیم یا به تضادهای آن با غرب چشم ندوخته‌ایم

ما بر این باوریم که دست‌ها و اراده‌های خود ما و مردم ماست که رؤیای آزادی را به‌واقعیت سیاسی و اجتماعی در ایران تبدیل می‌کند. به همین دلیل است که ما نه به‌جدال‌های درون فاشیسم دینی چشم دوخته‌ایم؛ و نه به‌تضادهای آن با دولت‌های غرب. به‌قول مسعود «قرار نبوده که این یا آن دولت در آمریکا یا اروپا برای ما در سینی طلایی آزادی بیاورند. مستقیم یا غیرمستقیم بر ضد ما و ملت ما با شاه و شیخ نباشند و سنگ نیندازند، کفایت است.»

ما در برابر هر کس یا هر حزب و گروهی که کار سرنگونی رژیم و برقراری آزادی در ایران را پیش ببرد، سر فرود می‌آوریم. و هرگز مصالح و منافع گروهی را بر آن‌چه بتواند ایران اسیر را زودتر به‌آزادی برساند، ترجیح نداده و نمی‌دهیم.

ما سیاست صبر و انتظار در پیش نگرفته‌ایم تا ببینیم چه می‌شود. به‌عکس در صحنهٔ عمل پیشتاز بوده‌ایم. به‌عنوان مثال: در مورد امر برابری زن و مرد، آن‌چه را که برای جامعهٔ فردا می‌خواهیم، از همین امروز آغاز کرده و

آن را در صفوف همین مقاومت با پیشتازی زنان شکوفا کرده‌ایم.
در مورد غیراتمی شدن ایران، از همین امروز برای آن دست به‌کار شده‌ایم و راه را بر رژیم بسته‌ایم.

و در مورد استقلال که باید اصل اساسی حاکم بر سرنوشت کشورمان باشد، از خودمان آغاز کرده‌ایم. و افتخار می‌کنیم که روی پای خود ایستاده‌ایم و فقط به مردم‌مان اتکا داریم.

ما هیچ‌گاه اصول و ارزش‌های خود را به‌خاطر مصلحت روز قربانی نکرده‌ایم. اگر مجاهدین با خمینی کنار می‌آمدند و قانون اساسی ولایت فقیه را می‌پذیرفتند، همهٔ راه‌ها به روی آن‌ها باز بود. اما همه دیدند که وقتی خمینی از مسعود که کاندیدای انتخابات ریاست جمهوری بود، خواست مثل سایر نامزدها قانون اساسی ولایت فقیه را بپذیرد تا صلاحیت پیدا کند(!)، مسعود بلادرنگ انصراف خود را از ریاست جمهوری این رژیم اعلام کرد و مجاهدین علاوه بر تحریم رفراندوم قانون اساسی ولایت فقیه، اعلام کردند که در انتخابات ریاست جمهوری شرکت نمی‌کنند. بله دور باد از نسل مجاهدین هرگونه قدرت‌طلبی وجاه‌پرستی و اول من (۳).

پانویس:

۱- سخنرانی مریم رجوی در اجلاس شورای ملی مقاومت ایران در چهل و یکمین سالگرد تاسیس شورا- ۲۹مرداد ۱۴۰۱

۲- سخنرانی مریم رجوی در گردهمایی بزرگ مقاومت در پاریس - ۹تیرماه ۱۳۹۷

۳- سخنرانی مریم رجوی در اولین اجلاس جهانی ایران آزاد- ۱۹تیر ۱۴۰۰

۲ - آزادی بیان، آزادی احزاب،
زادی اجتماعات آزادی مطبوعات و فضای مجازی

انحلال سپاه پاسداران، نیروی تروریستی قدس، لباس شخصی‌ها، بسیج
ضد مردمی، وزارت اطلاعات، شورای انقلاب فرهنگی و همه گشت‌ها و نهادهای
سرکوبگر در شهر و روستا و در مدارس، دانشگاه‌ها، ادارات و کارخانه‌ها

به‌رسمیت شناختن حقوق فردی و اجتماعی مردم

مردم ایران باید از همه آزادی‌های مندرج در اعلامیهٔ جهانی حقوق بشر و میثاق‌ها و کنوانسیون‌های بین‌المللی، از جمله میثاق بین‌المللی حقوق مدنی و سیاسی، کنوانسیون علیه شکنجه و کنوانسیون حذف کلیهٔ اشکال تبعیض علیه زنان، برخوردار شوند. از همان روز سرنگونی حاکمیت آخوندی، مواردی را که می‌گوییم در شمار وظایف مبرم دولت موقت است:

به‌رسمیت شناختن حقوق فردی و اجتماعی مردم، مصرحه در اعلامیهٔ جهانی حقوق بشر، آزادی‌های عمومی شامل آزادی اجتماعات، عقیده و بیان، مطبوعات، احزاب، سندیکاها، شوراها، ادیان و مذاهب، آزادی انتخاب شغل، و ممانعت از هرگونه تجاوز به حقوق فردی و اجتماعی و آزادی‌های عمومی(۱).

مقاومت ما و شورای ملی مقاومت، دقیقاً برخلاف خمینی، که هیچ تعهد مشخصی را برای استقرار آزادی‌ها نمی‌پذیرفت، پیشاپیش صریح‌ترین و روشن‌ترین تعهدات را در برنامه‌هایش اعلام کرده و هیچ‌گاه به کلی‌گویی

بسنده نکرده است. به‌همین دلیل، در اولین فرصت تاریخی که از موضع مسئولیت‌ام در نظارت بر اجرای مصوبات شورا و مرحلهٔ انتقال قدرت به ملت ایران، در خدمت شما، به عنوان بخشی از مردم شرافتمند و قهرمان ایران، هستم، با استناد به مصوبات شورای ملی مقاومت ایران و برنامهٔ دولت موقت که اعضای شورا به آن التزام دارند، اعلام می‌کنم که:

- در ایران فردا، عقیده و بیان و قلم و مطبوعات کاملاً آزاد و هرگونه سانسور و تفتیش عقاید ممنوع است.

- در ایران فردا، احزاب، اجتماعات و جمعیت‌های سیاسی و اتحادیه‌ها، انجمن‌ها، شوراها و سندیکاهای مختلف، جز دستجات وفادار به دیکتاتوری‌های شاه و خمینی، کاملاً آزادند و این آزادی تا مرز قیام مسلحانه علیه نظام مشروع و قانونی کشور، هیچ محدودیت اصولی ندارد.

- در ایران فردا، انتخاب و آرای عمومی، اساس مشروعیت نظام کشور است و هیچ قانونی که ناشی از مرجع قانون‌گذاری منتخب کشور نباشد، رسمیت و اعتبار ندارد.

- در ایران فردا، امنیت قضایی و شغلی تمام آحاد مردم و حقوق فردی و اجتماعی مصرح در اعلامیهٔ جهانی حقوق بشر تضمین می‌شود.

- در ایران فردا، همهٔ ارگان‌های سرکوبگر به جامانده از رژیم خمینی و همهٔ محاکم و دادگاه‌های فوق‌العاده منحل می‌شود. اصل آزادی دفاع و حق فعالیت کانون‌های وکلا و رسیدگی به جرایم در دادگاه‌های علنی، با حضور هیأت منصفه تأمین می‌گردد. (۲)

ـ لغو و رفع کلیه ستم‌ها و اجبارات و تبعیضات رژیم ارتجاعی خمینی در مورد زنان کشور، از جمله لغو محرومیت از حق انتخاب کار و پوشش،

- تساوی کامل حقوق اجتماعی و سیاسی و فرهنگی و اقتصادی زن و مرد و به‌رسمیت شناختن حقوق فردی و اجتماعی مردم، مصرحه در

اعلامیهٔ جهانی حقوق بشر،
ـ آزادی‌های عمومی شامل آزادی اجتماعات، عقیده و بیان، مطبوعات، احزاب، سندیکاها، شوراها، ادیان و مذاهب،
- آزادی انتخاب شغل، و ممانعت از هرگونه تجاوز به حقوق فردی و اجتماعی و آزادی‌های عمومی. (۳)

مردم و قیام‌کنندگان ایران تصمیم گرفته‌اند یک جمهوری بر اساس آزادی و دموکراسی برپا کنند. تصمیم گرفته‌اند که ولایت فقیه را سرنگون کنند. تصمیم گرفته‌اند قانون اساسی ولایت فقیه را دور بیندازند و یک قانون اساسی بر مبنای آزادی، برابری و دموکراسی جایگزین کنند.
تصمیم گرفته‌اند سپاه پاسداران و بسیج ضدمردمی را واژگون کنند.
می‌خواهند به‌جای برنامهٔ اتمی و سایر برنامه‌های تسلیحات کشتار جمعی، آموزش و درمان، ورزش، تأمین اجتماعی و رفاه و معیشت و اقتصاد کشور را شکوفا کنند.
این نقشه مسیر ماست و قدم اول آن سرنگونی تام و تمام رژیم است. (۴)

پانویس:

۱ - سخنرانی مریم رجوی در کنوانسیون سراسری ایرانیان در پاریس-۱۹بهمن ۱۳۹۲
۲ -آزادی- سخنرانی مریم رجوی در میتینگ بزرگ ۳۰خرداد-۲۶خرداد ۱۳۷۴
۳- سخنرانی مریم رجوی در کنوانسیون سراسری ایرانیان در پاریس ۱۹بهمن۱۳۹۲
۴-سخنرانی مریم رجوی به مناسبت سالگرد انقلاب ضدسلطنتی-۲۱بهمن۹۶

۳- تضمین آزادی‌ها و حقوق فردی و اجتماعی طبق اعلامیهٔ جهانی حقوق بشر

انحلال دستگاه‌های سانسور و تفتیش عقاید، دادخواهی قتل‌عام زندانیان سیاسی، ممنوعیت شکنجه و لغو حکم اعدام

تحت حکومت آخوندها حقوق بشر جایی ندارد

دهم دسامبر، سالگرد انتشار میثاق جهانی حقوق بشر است. برای کشور من ایران، این روز، زخم هولناکی بر جان و روان یک ملت را یادآوری می‌کند با اعدام ۱۲۰هزار مخالف، با صدها هزار زندانی سیاسی که در این سال‌ها شکنجه شده‌اند. با حداقل پنج هزار زندانی در صف مرگ و زندانی بودن فعالین حقوق بشر و پیروان ادیان مختلف و با نقض سیستماتیک حقوق زندانی و تبدیل نیمی از جمعیت کشور به شهروندان درجه دوم.

تحت حکومت آخوندها حقوق بشر جایی ندارد. متاسفانه تا آن‌جا که به جامعهٔ جهانی و اتحادیهٔ اروپا مربوط است، حقوق بشر ایران، قربانی دیپلوماسی تجارت است. تحت حاکمیت این رژیم، تمامی بندهای میثاق جهانی حقوق بشر پایمال شده است. از حق حیات و حق آزادی و امنیت تا حق مصونیت از شکنجه و دستگیری خودسرانه تا آزادی عقیده و مذهب. فجیع‌ترین برگ پروندهٔ جنایت‌های این رژیم، قتل عام ۳۰هزار زندانی سیاسی ظرف فقط چند ماه در سال ۱۳۶۷ است. این نسل‌کشی بر اساس حکم مکتوب خمینی صورت گرفت و مهم‌ترین عاملان آن هم‌اکنون، در زمرهٔ سران و مقام‌های ارشد همین رژیم‌اند(۱).

حاکمیت قانون

مقاومت ما برای برپایی سیستمی تلاش می‌کند که در آن حاکمیت قانون برقرار باشد. یک نظام پاسخگو، مسئولیت‌پذیر، با حداکثر شفافیت، که در آن امکان مشارکت عموم در تصمیم‌گیری‌ها فراهم باشد. ما بر آنیم که اختناق و سانسور را در همهٔ اشکال آن از میان برداریم. این شاهراهی است به سوی یک نظام دموکراتیک.

ما بر آنیم که از بیان آزادانه و فعالیت بدون محدودیت، شرایط انتخاب آزادانه را فراهم سازیم و مشارکت سیاسی را شکوفا کنیم. بگذارید دروازه‌های جهان و تمام دانش و اطلاعات آن به روی جوانان ایرانی گشوده شود. ما بر برابری همه مردم ایران تأکید داریم؛ برابری همگان در انتخاب کردن و انتخاب شدن، برابری زن و مرد در همهٔ حقوق سیاسی و اجتماعی و اقتصادی و خانوادگی و برخورداری همگان از فرصت‌های برابر در آموزش و پرورش، آموزش عالی، اشتغال و کسب و کار. بله، ما در پی نظم تازه‌یی هستیم، بر اساس آزادی و دموکراسی و برابری (۲).

ایران بدون شکنجه و سرکوب

ما برای یک ایران بدون شکنجه و سرکوب و عاری از تبعیض و نابرابری به‌پاخاسته‌ایم.

برای یک جمهوری دموکراتیک بر اساس جدایی دین و دولت و یک ایران غیر اتمی که در آن حکم اعدام لغو شده باشد.

با «یک نظام قضایی مستقل مبتنی بر اصل برائت، حق دفاع، حق دادخواهی، حق برخورداری از محاکمهٔ علنی و استقلال کامل قضات» و الغای قوانین شریعت آخوندی. در مقابل سبعیت و سنگدلی آخوندها، راه و رسم ما شفقت و انسانیت است(۳).

ایران بدون اعدام

ما از سال‌ها پیش خواهان لغو حکم اعدام شده‌ایم و بر آن تأکید داریم و همهٔ هموطنان‌مان را به اعتراض هرچه گسترده‌تر علیه این مجازات ضدانسانی فرامی‌خوانیم (۴).

طرح ما برای آینده، یک ایران بدون اعدام است. مقاومت ایران از سال‌ها پیش اعلام کرده که خواهان لغو حکم اعدام و پایان شکنجه و هرگونه نقض حقوق در ایران است.

طرح ما احیای دوستی و مدارا و بردباری است. طرح ما برای آینده، برچیدن احکام شریعت آخوندی است. ما قانون جزای ضدبشری و سایر قوانین ناقض حقوق بشر در این رژیم را رد می‌کنیم. ما مقررات قصاص را ضدانسانی می‌دانیم.

ما از قانونی دفاع می‌کنیم که بر پایهٔ گذشت و شفقت و انسانیت است.

طرح ما برای آینده ایران، پی‌ریزی یک قضائیه مستقل است.

طرح ما، دفاع از ارزش‌های دموکراتیک و آزادی، برابری و حریم زندگی خصوصی آحاد مردم است. طرحی که در آن هیچ‌کس خودسرانه دستگیر نمی‌شود، شکنجه ممنوع است. از هیچ متهمی حق دفاع و داشتن وکیل سلب نمی‌شود، اصل برائت محترم شمرده می‌شود و هیچ کس و به‌خصوص هیچ زنی، در برابر خشونت و تعدی و نقض آزادی از دسترسی به عدالت محروم نیست.

طرح ما برای آیندهٔ ایران این است که هیچ کس به‌خاطر اعتقاد یا عدم اعتقاد به یک دین یا به‌خاطر دست برداشتن از آن، آزادی و حقوق و جان خود را از دست ندهد.

طرح ما این است که در پناه قانون، تمام جامعه از امنیت حقیقی برخوردار باشد و همه در برابر قانون مساوی باشند.

ما در پی نظم تازه‌یی هستیم بر اساس آزادی، دموکراسی و برابری. ما انتخاب کرده‌ایم که بایستیم و نبرد کنیم. تا مردممان به آزادی و خوشبختی برسند.

تا دیگر هیچ نوجوان زیر ۱۸سالی در زندان، برای رسیدن به سن قانونی اعدام، در دالان مرگ منتظر نباشد و هیچ مادری در ماتم فرزند اعدام‌شده‌اش اشک نریزد. انگیزهٔ ما برای مقاومت تا پیروزی، کینه و انتقام نیست. انگیزهٔ ما عشق به آزادی و انسانیت است. این فلسفهٔ پایداری ماست (۵).

پانویس:

۱ - سخنرانی مریم رجوی در پارلمان اروپا به مناسبت روز جهانی حقوق بشر- ۱۶آذر

۲ - پیام مریم رجوی به مناسبت شروع سال تحصیلی ۱۳۹۴- ۱۳۹۵

۳ - پیام مریم رجوی به مناسبت روز جهانی علیه اعدام - ۱۷مهر ۱۴۰۰

۴- سخنرانی مریم رجوی در اجلاس سه روزهٔ شورای ملی مقاومت ایران به‌مناسبت آغاز چهلمین سال تاسیس شورا -۲ تا ۵مرداد ۱۳۹۹

۵- سخنرانی به مناسبت روز جهانی علیه اعدام - ۱۰اکتبر ۲۰۱۵

بیانیهٔ مریم رجوی
در آغاز هفتادمین سال تصویب اعلامیهٔ جهانی حقوق بشر

به‌مناسبت آغاز هفتادمین سال تصویب اعلامیهٔ جهانی حقوق بشر، به‌همه زنان و مردانی که در سراسر جهان در دفاع از «حیثیت ذاتی کلیهٔ اعضای خانوادهٔ بشری و حقوق یکسان و انتقال‌ناپذیر آنان» به‌مثابه «اساس آزادی، عدالت و صلح» (۱) به مبارزه با مستبدان و سرکوبگران برخاسته‌اند، ادای احترام می‌کنیم و به‌طور خاص به‌یک صد و بیست هزار مجاهد و مبارز دلیر از جمله سی هزار زندانی سربه‌داری که در سال ۶۷ در مقاومت در برابر استبداد مذهبی حاکم، جان‌های خود را فدا کردند، درود می‌فرستیم.
در تاریخچه سرخ‌فام نبرد برای حقوق بشر ایران، این جمله پروفسور کاظم رجوی که جان بر سر دفاع از قتل‌عام‌شدگان نهاد، پیوسته می‌درخشد: «ما تاریخ حقوق بشر ایران را با خون خود می‌نویسیم».
اگر برای تمام جهان، روز حقوق بشر روزی است که کسب یک دستاورد عالی تاریخی را یادآوری می‌کند، برای ملت ایران این روز، عید اشک و خون است که یک تاریخچهٔ پر رنج و شکنج را یادآوری می‌کند؛ روز یادآوری تمام اعمال وحشیانهٔ آخوندهای حاکم که «روح بشریت را به عصیان وا می‌دارد».
در عین حال، این روز تعهد خلل‌ناپذیر مردم و مقاومت ایران را به‌مبارزهٔ بی‌امان برای سرنگونی استبداد مذهبی مورد تأکید قرار می‌دهد تا ایران گلستان آزادی و عدالت و سرزمین حقوق بشر شود.
جنبش دادخواهی قتل‌عام‌شدگان که در دو سال اخیر رو به‌گسترش نهاد، از ارادهٔ ملت ایران برای دستیابی به‌آزادی و حقوق بشر جوشیده است.

این جنبش، فراتر از خون‌های به‌ناحق ریخته سربه‌داران سال ۶۷، بنیاد رژیم حاکم را هدف قرار داده که بر کشتار و انهدام و نیروی مخالف متکی است. هم از این‌رو، اعتلای این جنبش جلوهٔ دیگری از پایان کار رژیم ولایت فقیه و حتمیت سرنگونی آن است.

با یادآوری شمه‌یی از یورش فاجعه‌بار رژیم ولایت فقیه به‌تمام شئون حقوق بشر ایران، بر تعهدات مقاومت ایران برای ورق‌زدن این صفحهٔ تاریک تاریخ ایران پای می‌فشاریم:

۱ ـ استبداد مذهبی حق حیات مردم ایران را وسیعاً مورد تعرض قرار داده و از روز اول، حاکمیت خود را بر انهدام حقوق بشر مردم ایران استوار کرده است؛ از جنگ با مردم کردستان، اعدام جوانان و قتل‌عام روستاییان کرد، کشتار مردم عرب خوزستان و قتل و اسارت اعضا و هواداران مجاهدین در سراسر کشور؛ به‌نحوی که هنوز ۲۸ ماه از روی کار آمدن خمینی نگذشته بود، مجاهدین هزاران زندانی سیاسی در زندان‌های خمینی داشتند و بیش از پنجاه تن از هواداران کم سن و سال این جنبش حین توزیع نشریه یا اعلامیه بر اثر ضربات چماق و چاقوی پاسداران و عوامل خمینی به‌شهادت رسیدند.

انهدام حقوق بشر پس از آن با تیرباران جمعی اعضای مجاهدین و سایر نیروهای مبارز (بعضاً در هر روز صدها نفر) در دههٔ ۱۳۶۰ و سپس با قتل‌عام سی هزار زندانی سیاسی در سال ۱۳۶۷ ادامه یافت و تا امروز فهرستی طولانی از پرونده‌های حسابرسی‌نشدهٔ حمام‌های خون برجا گذاشته است: از قتل‌های زنجیره‌یی تا مثله‌کردن اسقف‌های مسیحی، کشتار قیام‌کنندگان قزوین در سال ۱۳۷۲، جنایت کهریزک در سال ۸۸، قتل زهرا کاظمی، و کشتارها و قتل‌عام‌ها در اشرف و لیبرتی توسط نیروی قدس و دست‌نشاندگان خامنه‌ای در عراق.

این کشتارها هیچ‌گاه کور و خود به‌خودی یا امری خارج از دستور سران رژیم نبوده است. احکام هولناک خمینی برای قتل‌عام مجاهدان زندانی در سال ۶۷، اظهارات یک سال اخیر بالاترین مقام‌های سیاسی و امنیتی و قضایی رژیم در دفاع از همان کشتار، اعتراف‌های بازجویان وزارت اطلاعات در این خصوص که این وزارت بدنام هر سال فهرست مخالفانی را که باید «حذف و ربایش» شوند، تصویب می‌کند (۲) و بسیاری دلائل و شواهد اثبات می‌کند که این کشتارها برنامه‌ریزی‌شده، نظام‌یافته و یک به‌یک براساس دستور بالاترین سران رژیم صورت گرفته و می‌گیرد.

۲ ـ شمار اعدام‌های سیاسی ۱۲۰ هزار مورد تخمین زده می‌شود. اما برآورد شمار اعدام‌های عادی غیرممکن است. آخوندهای حاکم به‌اقتضای نیازهای سیاسی و امنیتی رژیم و برای تنظیم درجه اختناق و ارعاب، بسیاری مجرمان را که برطبق قوانین خود رژیم جرائم‌شان به‌حد نصاب اعدام نرسیده و حتی بسیاری زندانیان بی‌گناه را، به‌طناب‌های دار یا جوخه‌های تیرباران سپرده‌اند. در سال ۹۵ مقام‌های رژیم شمار زندانیانی را که در صف نوبت اعدام قرار دارند، پنج هزار و سیصد نفر اعلام کردند(۳). اما گزارش‌های به‌دست‌آمده از زندان‌های متعدد تأیید می‌کند که شمار زندانیان در صف اعدام چند برابر این رقم است. بخشی از آن‌ها، اتباع کشور همسایه و برادر ما افغانستان‌اند. آخوندها با سوء استفاده از موقعیت همین محکومان، آن‌ها را به‌اجبار روانهٔ جبهه‌های جنگ علیه مردم سوریه می‌کنند.

اعدام جوانانی که قبل از رسیدن به‌سن ۱۸سالگی مرتکب جرم شده‌اند، یکی دیگر از قساوت‌های مستمر رژیمی است که از این پیشتر، عفو بین‌الملل آن را «آخرین جلاد کودکان» (۴) توصیف کرده است.

ورای تعداد بی‌شمار اعدام‌ها، آن‌چه اهمیت دارد، بی‌بها انگاشتن جان

انسان‌ها از سوی آخوندهای حاکم است. جانیانی که در قوهٔ قضاییهٔ این رژیم به«قاضی سالب حیات» مشهورند، براساس دستور ولی فقیه، دسته دسته زندانیان را بدون محاکمه عادلانه اعدام می‌کنند تا رژیم بی‌ثبات و متزلزل، تعادل خود را حفظ کند.

۳ ـ رژیم ولایت فقیه حق مردم ایران برای مشارکت در سرنوشت سیاسی خود و جامعه و کشورشان را از آن‌ها سلب کرده است. مبارزه سیاسی، تشکیل هرگونه اجتماع یا تشکل و انتشار هر نشریه یا وسیلهٔ اطلاع‌رسانی غیروابسته به‌حکومت ممنوع است.

هیچ حزبی نمی‌تواند وجود داشته باشد مگر این که «در مرامنامه و اساسنامهٔ خود صراحتاً التزام خود را نسبت به قانون اساسی و اصل ولایت مطلقهٔ فقیه اعلام دارد» (۵) و هیچ کس به‌عنوان عضو یک حزب شناخته نمی‌شود مگر به‌شرط «اعتقاد و التزام عملی به قانون اساسی و ولایت مطلقهٔ فقیه» (۶).

مخالفت با رژیم جرم است و چنانچه کم‌ترین ارتباطی با مجاهدین داشته باشد، مجازات سنگینی در پی دارد. و هیچ‌فرد غیرذوب شده در ولایت فقیه حق تصدی مناصب تصمیم‌گیری در دولت و سایر نهادهای حکومتی را ندارد.

مردم ایران از حق انتخاب آزادانه محروم‌اند؛ در عوض همه ساله شعبده‌های رنگارنگی تحت نام انتخابات برگزار می‌شود که بستر تقسیم بخشی از حوزهٔ قدرت بین باندهای سرکوبگر رقیب است. از شکنجه‌گران شناخته شده و اعضای هیأت‌های مرگ در قتل‌عام ۶۷ تا فرماندهان آدم‌کش سپاه پاسداران، کرسی‌های مجلس ارتجاع یا خبرگان را به‌دست می‌آوردند.

در اوائل همین ماه، رئیس جمهور قبلی رژیم اعتراف کرد: «امروز یک اقلیت محض، به هر ترتیب ممکن، خود را حق مطلق، مالک و صاحب

انحصاری کشور و انقلاب و ارباب مردم و دارای حق قطعی حاکمیت دانسته‌اند»(۷).

۴ـ رژیم ولایت فقیه حق برخورداری از حاکمیت قانون را از مردم ایران سلب و آن را با یک خودکامگی محض جایگزین کرده است. اصل ۵۷ قانون اساسی ارتجاعی کنونی با افزودن کلمه مطلقه به «ولایت امر»، شخص ولی فقیه را از اختیارات و قدرت نامحدود برخوردار کرده است. (۸) در عمل، تمام قدرت عمومی در ایران از این فرد نشأت می‌گیرد. در حقیقت استفادۀ خودسرانه از قدرت ـ که اصل‌های متعدد قانون اساسی ولایت فقیه برای آن مجوز صادر کرده است ـ یک اصل دائمی در ایران تحت حاکمیت این رژیم است. به‌طور کلی هر قانونی در ایران کنونی، از آن‌جا که لزوماً باید از تصویب شورای نگهبان منصوب ولی فقیه بگذرد، فی‌نفسه نقض حاکمیت قانون است. تصمیم‌های خودسرانه حاکم مادام‌العمر و همدستان او برضد مصالح ملی و مردمی ایران که لازمۀ آن، همواره نقض وحشتناک حقوق بشر مردم ایران بوده است، طفره‌رفتن آخوندهای حاکم از هرگونه پاسخگویی به‌مردم، باز گذاشتن دست مقام‌های رژیم و وابستگان آن‌ها در ارتکاب انواع غارت‌گری‌ها و مفاسد مالی و انواع تجاوزها به‌حقوق مردم ایران بدون هرگونه پیگرد و عقوبتی، تبدیل قوه قضاییه به‌تیغ آخته‌یی در دست شخص ولی فقیه که در آن امنیت حقوقی مردم ایران و اصل برائت محلی از اعراب ندارد، تبدیل مجلس به‌باشگاه اعضای باندهای قدرت حاکم که در آن قانونی جز به‌سود همان «اقلیت محض» تصویب نمی‌شود، تبدیل دولت به‌«تدارک‌چی» ولایت فقیه و تبدیل نیروهای حافظ امنیت مردم به‌نهادهای سرکوب و جاسوسی و کشتار، همه و همه حقوق بنیادین و آزادی‌های اساسی را از مردم ایران سلب کرده است.

۵ ـ استبداد مذهبی، «حق آزادی فکر، وجدان و مذهب» را از مردم ایران

سلب کرده است.

این رژیم از آغاز، دست‌اندرکار آزار و دستگیری و حذف دیگراندیشان و پیروان ادیان گوناگون ـ از مسیحیان و یهودیان و بهاییان تا مسلمانان اهل سنت و دراویش اهل حق و گنابادی و شیعیان مخالف ولایت فقیه ـ بوده و هست. تفتیش عقاید، رویۀ نهادینۀ گزینش‌های استخدامی و آموزشی است. و تکفیر مذهبی و زدن برچسب ارتداد مهم‌ترین حربه‌های این رژیم برای سرکوب است. نخستین جملۀ حکم خمینی برای قتل‌عام مجاهدین در سال ۶۷ این ادعای دروغ است که: «منافقین ...به‌هیچ وجه به‌اسلام معتقد نبوده و هرچه می‌گویند از روی حیله و نفاق آن‌هاست و به‌اقرار سران آن‌ها از اسلام ارتداد پیدا کرده‌اند...»،

خمینی و جانشین او، خامنه‌ای، سی هزار مجاهد و مبارز را در سال ۶۷ و بسیاری دیگر را در سراسر حکومت خود با این افترائات اعدام کردند تا ارتکاب جنایت علیه بشریت را از پشتوانۀ توجیهات به‌اصطلاح اسلامی برخوردار سازند. حال آن‌که صرف‌نظر از دجالیت و دروغ‌گویی رژیم حاکم در جعل این برچسب‌ها، روح اسلام از این خونریزی‌ها و افترائات بیزار است.

مقاومت ایران بر تعهد خود مبنی بر احیای حقوق بشر ایران، لغو حکم اعدام پس از سرنگونی رژیم ولایت فقیه و پایبندی کامل به «اعلامیۀ جهانی حقوق بشر»، «میثاق بین‌المللی حقوق مدنی و سیاسی»، «معاهدۀ ضدشکنجه» و «معاهدۀ حذف کلیۀ اشکال تبعیض علیه زنان»، و همچنین ایجاد یک نظام قضایی مدرن، مبتنی بر احترام به‌اصل برائت، حق دفاع، حق دادخواهی، حق برخورداری از محاکمه علنی و استقلال کامل قضات تأکید می‌کند.

۶ ـ مردم ایران از حق رجوع مؤثر به‌دادگاه‌های صالحه (ماده ۸ اعلامیۀ

جهانی حقوق بشر) محروم‌اند. چنین دادگاه‌هایی در ایران وجود خارجی ندارد. به‌جای آن بی‌دادگاه‌هایی عاری از روند صحیح دادرسی دائر است که تنها تابع اراده حاکمان شرع آخوندی یا شکنجه‌گران و عوامل سرکوب است.

اصل ۱۶۷ قانون اساسی ولایت فقیه، سرنوشت متهمان یا شاکیان و حقوق آن‌ها را تابع امیال و خواست شخصی قاضیان دست‌نشانده ولی فقیه کرده (۹) که بر اساس استنباط خود از به‌اصطلاح «فتاوی معتبر» ـ نام مستعار «تحریرالوسیله» خمینی ـ هر تصمیمی که می‌خواهند بگیرند.

بازداشت‌شدگان از حقوقی برخوردار نیستند. محاکمه‌ها، حتی در موارد حساسی که به‌حکم اعدام منجر می‌شود، اغلب بیشتر از چند دقیقه نیست. بسیاری از متهمان وکیل ندارند یا ناگزیرند وکیل تحمیلی همان بی‌دادگاه را بپذیرند که اغلب علیه متهمان ایفای نقش می‌کند. در مواردی که وکلا برای دفاع از موکلان خود تلاش کنند از دست‌یافتن به‌مندرجات پرونده‌ها منع می‌شوند و چنان‌چه بر خواست خود اصرار کنند تحت تعقیب قرار می‌گیرند و گاه به‌زندان‌های طولانی مدت محکوم می‌شوند.

۷ ـ قوانین مدنی رژیم، بر پایه تبعیض بین زن و مرد تنظیم شده است. قوانین جزایی رژیم ـ قانون مجازات اسلامی ـ از اول تا آخر بر پایهٔ مجازات بدنی، مانند اعدام، شکنجه وشلاق تنظیم شده است. علاوه بر مجازات‌های ضد انسانی از قبیل به صلیب کشیدن، از کوه پرت کردن، قطع دست وپا و... بیش از صد بار مجازات اعدام و قتل و حدود ۵۰ بار مجازات شلاق پیش بینی شده است.

بر حسب یکی از مواد این قانون ضد انسانی، که همه ساله بارها به‌اجرا گذاشته می‌شود، «حد سرقت»... «در مرتبه اول، قطع چهار انگشت دست راست سارق از انتهای آن است» ...«و در مرتبه دوم، قطع پای چپ سارق

از پایین برآمدگی است». (۱۰) برحسب یک مادهٔ دیگر، «حد محاربه»، اتهامی که معمولاً برای مجاهدین به‌کار می‌رود، «یکی از چهار مجازات زیر است: الف. اعدام،

ب. صلب،

پ. قطع دست راست و پای چپ،

ت. نفی بلد» (۱۱).

در مورد مخالفان سیاسی، این رژیم ۷۴ نوع شکنجه را ابداع کرده و در زندان‌های خود به‌کار برده است. تجاوز به‌زنان زندانی به‌مثابه یک شیوهٔ سیستماتیک شکنجه در زندان‌های این رژیم پیوسته در جریان بوده است. و ممانعت از دسترسی بیماران زندانی به‌درمان و زجرکش کردن تدریجی او به‌منزلهٔ یک شیوهٔ اعدام علیه زندانیان سیاسی به کار می‌رود.

۸ ـ رژیم آخوندی حق مردم ایران برای دسترسی آزادانه به‌اطلاعات و افکار و نشر آزادانهٔ آن را از بین برده است.

نشریات و سایت‌های اینترنتی غیروابسته به حکومت مجاز به‌فعالیت نیستند، هیچ کتابی بدون سانسور قابل انتشار نیست، مکالمات تلفنی مردم تحت شنود قرار دارد، تلویزیون‌های ماهواره‌یی، به‌صورت سازمان‌یافته‌یی توسط سپاه پاسداران هدف پخش پارازیت قرار می‌گیرند، وبلاگ‌ها، سایت‌ها، ارتباطات ایمیلی، و فعالیت‌ها در شبکه‌های اجتماعی تحت کنترل امنیتی کامل قرار دارد.

یک شبکهٔ پلیس امنیتی به‌نام فتا در تهران و ده‌ها شهر دیگر کشف و تحت پیگرد قرار دادن فعالیت مخالفت‌آمیز علیه رژیم در فضای مجازی را برعهده دارد. این مراقبت‌ها تاکنون به‌دستگیری و تحت شکنجه و آزار قرار دادن بسیاری از جوانان حتی به‌شهادت آن‌ها (مانند ستار بهشتی) منجر شده است.

سپاه پاسداران خامنه‌ای، بسیج ضد مردمی، نیروی انتظامی، وزارت‌خانه‌های ارتباطات، اطلاعات و ارشاد، قوهٔ قضاییه، معاونت رئیس جمهور ارتجاع و چندین نهاد دیگر همه دست‌اندرکار فیلترینگ سایت‌ها و کنترل و مراقبت از فعالیت‌ها در شبکهٔ مجازی‌اند. در سال ۹۵ دادستان کل رژیم اقرار کرد که هر هفته ۱۵ الی ۲۰هزار شبکه و کانال در شبکهٔ اینترنت ایران مسدود می‌شود (۱۲).

۹ ـ در حالی که ایران یک کشور کثیرالمله است، رژیم ولایت فقیه حق ملیت‌های ایران ـ اعم از عرب و ترک و کرد و ترکمن و بلوچ و قشقایی و لر و بختیاری ـ را برای داشتن حقوق برابر، برخورداری از رفاه و درمان و آموزش و خدمات شهری و روستایی و مسکن مناسب و استفاده از زبان مادری سلب کرده است.

هموطنان عرب با تلاش‌های ضدانسانی آخوندهای حاکم برای ایجاد تغییر در ترکیب قومی مناطق‌شان مواجه شده‌اند و هموطنان بلوچ و کرد، پیوسته از تیراندازی کور پاسداران در مناطق مرزی رنج می‌کشند و بر اثر آن فرزندان‌شان به قتل می‌رسند.

۱۰ـ زنان ایران که بیش از ۱۵۰ سال برای آزادی و برابری مبارزه کرده‌اند، تحت حاکمیت ولایت فقیه از حق برابری در همهٔ عرصه‌های سیاسی، اقتصادی، خانوادگی، آموزشی و قضایی محروم‌اند. تصدی برخی مشاغل، از جمله قضاوت، تحصیل در ده‌ها رشتهٔ دانشگاهی، آواز خواندن، حضور در استادیوم‌های ورزشی برای تماشای مسابقات، و فعالیت در برخی رشته‌های ورزشی بخشی از فهرست ممنوعیت‌ها برای زنان است. مشارکت زنان در بازار کار در حاکمیت این رژیم بین ۱۲ تا حداکثر ۱۵ درصد(۱۳) محدود مانده است. زنان در ازای کار مساوی با مردان از دستمزد کمتری نسبت به‌آنان برخوردارند و پیوسته تحت فشار انواع قوانین و بخشنامه‌ها

برای کاستن از ساعات کار خود یا رهاکردن شغل‌های خود و پیوستن به‌میلیون‌ها زن بیکارند. قربانی اول فروپاشی اقتصادی کشور زنان هستند که باعث اخراج فزاینده زنان شاغل شده است. در عوض، فعالیت‌های رژیم برای کنترل و تحقیر زنان به‌ویژه به‌بهانه بدحجابی هیچ‌گاه توقف و کاهش ندارد. شمار نهادهای حکومتی که کنترل حجاب زنان را برعهده دارند، به‌بیست مورد رسیده است. این سرکوب‌گری‌ها گاه تا اسیدپاشی به‌صورت زنان توسط باندهای رژیم پیش می‌رود. نمونهٔ دلخراش این جنایت، در پاییز سال ۱۳۹۳ در اصفهان رخ داد. به‌علاوه، زنان در سراسر ایران از تعرضات رذیلانهٔ پاسداران، بسیجی‌ها و مزدوران لباس شخصی خامنه‌ای در امان نیستند.

۱۱ ـ تجاوز به‌حقوق بشر مردم ایران برای تحکیم سلطهٔ سرکوبگرانهٔ آخوندها، هم‌چنین با نقض فاحش حق مالکیت در ایران صورت می‌گیرد که برخلاف مواد مختلف اعلامیهٔ جهانی حقوق بشر به‌ویژه مادهٔ ۱۷ آن است.

مصادرهٔ خانه‌ها و هرگونه دارایی مخالفان سیاسی، دست‌اندازی بر اراضی و مراتع و جنگل‌ها و کوه‌هایی که در مالکیت عمومی است، مصادرهٔ شمار زیادی از خانه‌ها، مستغلات و دارایی مردم توسط «ستاد اجرایی» ولی فقیه (اغلب بدون هیچ دلیل و بهانه‌یی)، به‌یغما بردن عمده شرکت‌ها و بنگاه‌های سودده دولتی که باعث سلطهٔ بیت خامنه‌ای و سپاه پاسداران او بر بیش از نیمی از تولید ناخالص داخلی ایران شده و ... وجوهی از نقض فاحش حق مالکیت در ایران توسط رژیمی است که بنیانگذارش از اولین هفته‌های شروع حاکمیت، ثروت‌ها و دارایی مردم ایران را به‌دیده غنائم جنگی می‌نگریست که می‌بایست به‌چنگ «شورای انقلاب» و «کمیته»های پاسداران بیفتد(۱۴). کما این که بعدها به‌رئیس جمهور

خود نوشت: حکومت می‌تواند قراردادهای خود با مردم را یک‌جانبه لغو کند و می‌تواند هر امری را که مخالف «مصالح اسلام» است، از آن جلوگیری کند..... (۱۵).

به‌همین سان، حق اشتغال آزادانه و حق برخورداری از مزد مساوی در ازای کار مساوی از مردم ایران سلب شده است. گروه بسیار محدودی شامل مقام‌های رژیم و وابستگان آن‌ها و اعضای نهادهای امنیتی و قوای نظامی از درآمدها و ثروت‌های بی‌حساب برخوردارند و اکثریت عظیم ملت از درآمدی که کفاف نیازهای ابتدای زندگی‌شان را بدهد، بهره‌مند نیستند. بیش از ۹۰ درصد نیروی کار ایران مجبور و محکوم شده است که تحت قراردادهای موقت و سفید امضا کار کند که آن‌ها را فاقد هرگونه امنیت شغلی کرده است. صدها هزار نفر از جوانان فقیر به‌ویژه در مناطق کردنشین ناچار به کولبری رو آورده‌اند، اما در اثنای همین اشتغال طاقت‌فرسا از تیرخوردن و کشته شدن پی در پی توسط پاسداران در امان نیستند.

در تهران و شهرهای بزرگ ایران، گروه پرشماری از مردم به‌دست‌فروشی در حاشیهٔ خیابان‌ها رو آورده‌اند. اما پیوسته هدف حملات سرکوبگرانه و غارت دارایی اندک‌شان توسط مأموران رژیم قرار می‌گیرند.

۱۲ ـ مردم ایران تحت حاکمیت آخوندها، از حق تشکیل سندیکاها و اتحادیه‌های مستقل کارگری و کارمندی و تشکل‌های مستقل دانشجویی محروم‌اند. به‌جای آن رژیم ولایت فقیه اتحادیه‌های ساختگی و فرمایشی را ایجاد کرده که بخشی از ساختار امنیتی و اطلاعاتی حکومت برای کنترل کارگران و کارمندان و دانشجویان‌اند. بسیاری از کسانی که برای ایجاد تشکل‌های مستقل به‌تلاش برخاسته‌اند، به‌ویژه کارگران و معلمان مبارز، توسط رژیم دستگیر شده و به‌حبس‌های طولانی و محرومیت از

حقوق اجتماعی خود محکوم شده‌اند.

۱۳ ـ تحت حاکمیت آخوندها بر مردم ایران تبعیض‌های وحشتناکی روا شده است. اعضای باندهای حاکم همه چیز را از آن خود کرده موقعیت‌ها و ثروت‌های افسانه‌یی به‌هم زده‌اند، از پرداخت مالیات معاف‌اند، از بی‌شمار رانت‌ها در همهٔ زمینه‌ها بهره‌مند می‌شوند، موانع دست و پاگیر اداری و امنیتی برای آن‌ها وجود ندارد و به‌جرم خلاف‌ها و مفاسد بی‌شمارشان هرگز تحت پیگرد قرار نمی‌گیرند. حال آن‌که اکثریت عظیم مردم در برابر به‌اصطلاح دادگاه‌ها همواره طرف فرودست یا بی‌حقوق‌اند، در استفاده از فرصت‌های شغلی و تحصیلی، و در برخورداری از فرصت‌های اقتصادی سهم‌شان ناچیز یا هیچ است. و همواره به‌پرداخت رشوه و تحمل انواع تحقیرها و ظلم‌ها محکوم‌اند.

۱۴ـ در حالی که داشتن مسکن مناسب، یک حق بنیادین بشری است، بسیاری از مردم ایران از این حق دور نگه‌داشته شده‌اند. امروز حدود بیست میلیون نفر در حومه‌های به‌شدت محروم شهرها وحلبی‌آبادها ـ موسوم به سکونت‌گاه‌های غیرمجاز ـ زندگی می‌کنند که فاقد حداقل خدمات شهری است. برثر سیاست غارتگرانه و پرفساد رژیم حاکم، میانگین مقاومت و ایمنی در خانه‌های شهری و روستایی، به‌ویژه خانه‌های احداث شده در سال‌های اخیر، به میزان خطرناکی پایین است و جان و زندگی میلیون‌ها ایرانی را در برابر حوادث طبیعی به‌خصوص در برابر زلزله بی‌دفاع گذاشته است. در ربع قرن اخیر ۵۰۰ هزار تن از هم‌وطنان ما بر اثر حوادث طبیعی و بی‌عملی و تعلل جنایت‌بار رژیم حاکم در امر امدادرسانی جان خود را از دست داده‌اند.

۱۵ ـ مردم ایران، گذشته از محرومیت از بسیاری حقوق خود، هم‌چنین از حق مطلع شدن از اسامی فرزندان شهید خود در قتل‌عام سال ۶۷ و

بسیاری از اعدام‌های دههٔ ۱۳۶۰ از حق اطلاع‌یافتن از نشانی مزارهای جمعی آن‌ها محروم‌اند.

از هنگام قتل‌عام، هر زمان که نشانه‌یی از یک مزار جمعی توسط خانواده‌های شهیدان کشف شده، رژیم ولایت فقیه به‌تخریب یا پوشاندن آن با بتون‌ریزی یا احداث ساختمان دست زده است.

۱۶ ـ دیکتاتوری شاه که خود را جزیرهٔ ثبات می‌پنداشت، سرانجام هنگامی سرنگون شد که زیر فشارهای بین‌المللی، حربهٔ محوری نقض حقوق بشر ـ شلاق و اعدام ـ را کنار گذاشت. استبداد مذهبی حاکم با عبرت‌آموزی از سرنوشت دیکتاتوری پیشین، نقض وحشیانهٔ حقوق بشر را به‌مثابه دینامیسم حیاتی خود، با تمام قوا حفظ و بازتولید می‌کند. با این‌همه، استمرار همین سرکوب‌گری‌ها و رودرویی بی‌وقفه با مردم ایران فرجامی جز سرنگونی حتمی این رژیم ندارد.

مقاومت ایران که برای برقراری آزادی، برابری و دموکراسی در ایران و برپایی یک جمهوری بر اساس جدایی دین و دولت مبارزه می‌کند، بر تعهد خود مبنی بر احیای حقوق بشر ایران، لغو حکم اعدام پس از سرنگونی رژیم ولایت فقیه و پایبندی کامل به «اعلامیهٔ جهانی حقوق بشر»، «میثاق بین‌المللی حقوق مدنی و سیاسی»، «معاهدهٔ ضدشکنجه» و «معاهدهٔ حذف کلیهٔ اشکال تبعیض علیه زنان»، و هم‌چنین ایجاد یک نظام قضایی مدرن، مبتنی بر احترام به‌اصل برائت، حق دفاع، حق دادخواهی، حق برخورداری از محاکمهٔ علنی و استقلال کامل قضات تأکید می‌کند.

باشد که در ایران فردا مردم ما «در بیان و عقیده، آزاد و از ترس و فقر فارغ باشند» و «ظهور دنیایی» را به‌چشم ببینند که «به‌عنوان بالاترین آمال بشر اعلام شده است» (۱۶).

پانویس

۱ ـ مقدمۀ اعلامیۀ جهانی حقوق بشر

۲ ـ «گزارش قتل فروهرها، به‌روایت پرستور فروهر»، بی‌بی‌سی، ۲ آذر ۱۳۹۵، رونویسی شده نوشته‌های محسنی کارمند وزارت اطلاعات به‌تاریخ ۱۵ تیر ۱۳۷۹ و نیز اصغر اسکندری معروف به سیاحی، کارمند وزارت اطلاعات، همان تاریخ: «کار حذف فیزیکی ... از سال ۱۳۷۰ در پرینت کاری از طرف وزارت برای ما مشخص شده بود و جزء وظایف قسمت ما بود». هم‌چنین: « این نمونه اقدام‌ها روال کار تشکیلات وزارت بوده ... تا حدی که در پیش‌بینی برنامه‌های سالانه شاخص‌ترین فعالیت‌های حذف و ربایش در نظر گرفته می‌شد».

۳ ـ حسن نوروزی، سخنگوی کمیسیون قضایی مجلس، خبرگزاری حکومتی ایلنا، ۱۷ مرداد ۱۳۹۶

۴ ـ گزارش عفو بین‌الملل در ژوئن ۲۰۰۷

۵ ـ قانون «نحوۀ فعالیت احزاب و گروه‌های سیاسی»، مادۀ ۲، تبصرۀ ۵، روزنامۀ رسمی ۲۹ آبان ۱۳۹۵

۶ ـ همان قانون، ماده ۴

۷ ـ نامۀ محمود احمدی‌نژاد به‌خامنه‌ای، دولت بهار ۷ آذر ۹۶

۸ ـ قانون اساسی ولایت فقیه، اصل ۵۷: «قوای حاکم در جمهور اسلامی ایران عبارتند از: قوۀ مقننه، قوه مجریه و قوۀ قضاییه که زیر نظر ولایت مطلقۀ امر و امامت امت بر طبق اصول آینده این قانون اعمال می‌گردند».

۹ ـ قانون اساسی ولایت فقیه، اصل ۱۶۷: « قاضی موظف است کوشش کند حکم هر دعوا را در قوانین مدونه بیابد و اگر نیابد با استناد به منابع معتبر اسلامی یا فتاوی معتبر، حکم قضیه را صادر نماید».

۱۰ ـ «قانون مجازات اسلامی»، مصوب ۱۳۹۲، ماده ۲۷۸

۱۱ ـ همان قانون، ماده ۲۸۲

۱۲ ـ محمد جعفر منتظری، دادستان کل، رسانه‌های دولتی ۲۸ بهمن ۹۵

۱۳ ـ در اسفند ۱۳۹۵، رئیس مرکز آمار، امیدعلی پارسا، با ادعای «افزایش محسوس نرخ مشارکت اقتصادی زنان» گفت: این نرخ به ۱۴٫۹ در سال ۱۳۹۵ رسیده است. (خبرگزاری دولتی ایسنا، ۲۳ اسفند ۱۳۹۵)

۱۴ ـ فرمان خمینی، ۹ اسفند ۵۷ دربارهٔ مصادره دارایی‌های باقیمانده از رژیم پیشین: «به جمیع کمیته‌های انقلاب اسلامی در سراسر کشور دستور می‌دهم که آن چه از این غنایم به دست آورده‌اند در بانک با شمارهٔ معلوم بسپرند. و به دولت ابلاغ نمایید که این غنایم، مربوط به دولت نیست و امرش با شورای انقلاب است، و آن چه مامورین دولت به دست آورده‌اند یا می‌آورند، باید به همین شماره به بانک تحویل دهند»، صحیفهٔ خمینی، ج ۶، ص۲۶۷

۱۵ ـ این نامه در ۲۱ دی ۱۳۶۶ نوشته شده است، صحیفه نور، ج ۲۰، ص ۴۵۲-۴۵۱

۱۶ ـ مقدمهٔ اعلامیه جهانی حقوق بشر

۴ - جدایی دین و دولت
آزادی ادیان و مذاهب

امروز کشور ما و جامعهٔ ما نیاز به این دارد که به استبداد زیر پردهٔ دین پایان دهد و یک جمهوری دموکراتیک بر اساس جدایی دین و دولت برپا کند (۱).

طرح رابطهٔ دین و دولت، مصوبه شورای ملی مقاومت، پاسخ این شورا به تجربهٔ فاشیسم مذهبی و استبداد وحشی تحت نام اسلام است. برنامهٔ شورا دین اجباری و اجبار دینی را مردود می‌شناسد و هرگونه «استفاده از تبعیض و امتیاز و اجبار سیاسی و اجتماعی» در رابطه با اسلام را رد می‌کند.

برنامه شورای ملی مقاومت در سال ۱۳۶۰ بر «تساوی حقوق سیاسی و اجتماعی همهٔ آحاد ملت» و ملغی شناختن «همهٔ امتیازات جنسی و قومی و عقیدتی» تأکید دارد.

البته نفس تشکیل همین شورا و مناسبات نیروهای آن به معنای ارائهٔ یک الگوی عملی از جدایی دین و دولت و یک جمهوری آزاد و برابر است. طرح شورا در مورد رابطهٔ دین و دولت در آبان ۱۳۶۴ به تصویب رسیده است. این طرح از یک‌طرف تصریح می‌کند که «هیچ دین و مذهبی را، به هیچ‌عنوان، دارای حق و امتیاز ویژه‌یی نمی‌شناسد» و از طرف دیگر بر

«آزادی ادیان و مذاهب» تأکید دارد.

در ماده اول این طرح تاکید می‌کند «اعمال هرگونه تبعیض در مورد پیروان ادیان و مذاهب مختلف در برخورداری از حقوق فردی و اجتماعی ممنوع است. هیچ یک از شهروندان به دلیل اعتقاد یا عدم اعتقاد به یک دین یا مذهب در امر انتخاب شدن، انتخاب کردن، استخدام، تحصیل، قضاوت و دیگر حقوق فردی و اجتماعی مزیت یا محرومیتی نخواهد داشت.

و باز ماده سوم آن تصریح می‌کند که «صلاحیت مقام‌های قضایی ناشی از موقعیت مذهبی و عقیدتی آنان نیست. هم‌چنین قانونی که ناشی از مرجع قانون‌گذاری کشور نباشد، رسمیت و اعتبار نخواهد داشت».

در حقیقت شورا به حل مسأله‌یی موفق شده که در جریان مباحث متمم قانون اساسی مشروطه در مجلس اول سرباز کرد و همان موقع جبهه‌بندی بزرگی میان مشروطه‌خواهان و مدافعان حکومت قانون و دموکراسی از یک طرف و مشروعه‌خواهان و طرفداران شیخ فضل‌الله یعنی اسلام آخوندهای حاکم از طرف دیگر ایجاد کرد.

مشروعه‌خواهی سرانجام به استبداد زیر پردۀ دین در حکومت ولایت فقیه انجامید که ۴۲ سال است مردم ایران با گوشت و پوست و استخوان آن را و فجایع آن را لمس می‌کنند.

درست در مقابل این استبداد دینی، سازمان مجاهدین به‌عنوان عضو همین شورا، اسلامی را نمایندگی می‌کند که آنتی‌تز ارتجاع خمینی و جاهلیت و ارتجاعی است که او و رژیم ولایت فقیه نمایندگی کرده‌اند. وقتی در این شورا جنبشی مثل مجاهدین با این دیدگاه ترقی‌خواهانه، بر لغو هر گونه امتیاز در مورد پیروان هر دینی صحه می‌گذارد، طرح جدایی دین از دولت از انواع عبارت‌پردازی‌های رایج واقعاً متمایز می‌شود و واقعاً از پشتوانه جدی و عظیمی برخوردار است (۲).

راه‌گشایی بزرگ مجاهدین دفاع از اصل جدایی دین و دولت

راه‌گشایی بزرگ مجاهدین، دفاع از اصل جدایی دین و دولت است که جایی برای استبداد تحت نام خدا و تبعیض مذهبی باقی نمی‌گذارد. حمایت از این اصل، نمی‌توانست جدیت و تأثیری پیدا کند، مگر این‌که یک نیروی مسلمان، ابتکار آن را بر عهده بگیرد. در سراسر خاورمیانه و کشورهای مسلمان، این تنها نمونه‌یی است که یک جنبش مقاومت مسلمان توانسته است از اصل جدایی دین و دولت دفاع کند و برای برقراری دموکراسی راه باز کند. در دفاع از این اصل، ما به رویارویی با دین اجباری و اجبار دینی برخاسته‌ایم. آیا این اصل به معنای تقلیل دادن یا تجدید نظر کردن در معتقدات اصیل اسلامی است؟ نه، به‌عکس، منظور پافشاری بر روح حقیقی اسلام است که به قول مسعود رجوی رهبر این مقاومت، «مستغنی از آن است که هرگونه حقانیت و مشروعیت و از جمله مشروعیت سیاسی خود را از راه اجبار و اکراه به کرسی بنشاند... ما عمیقا معتقدیم که شکوفایی واقعی اسلام در عدم استفاده از هرگونه تبعیض و امتیاز و اجبار سیاسی و اجتماعی میسر است».

منشأ مشروعیت قدرت حاکم، صندوق‌های رأی است و هیچ‌کس به‌خاطر اعتقاد یا عدم اعتقاد به یک دین هیچ امتیاز یا محرومیتی نخواهد داشت. کما این‌که در برگیرندهٔ تضمین آزادی مذهبی است یعنی چه مسلمانان چه پیروان سایر ادیان، به دور از هرگونه نابرابری، درفعالیت مذهبی خود آزادند.

آیا منظور از جدایی دین و دولت این است که در جامعهٔ آزادشده از دیکتاتوری، هیچ فرد یا گروهی نباید به نام اسلام فعالیت کند؟ خیر منظور این است که هم‌چنان‌که در طرح شورای ملی مقاومت آمده، منشأ مشروعیت قدرت حاکم، صندوق‌های رأی است و هیچ‌کس به‌خاطر اعتقاد

یا عدم اعتقاد به یک دین هیچ امتیاز یا محرومیتی نخواهد داشت. کما این‌که در برگیرندهٔ تضمین آزادی مذهبی است یعنی چه مسلمانان چه پیروان سایر ادیان، به دور از هرگونه نابرابری، در فعالیت مذهبی خود آزادند. پیامبر اسلام در منشوری که در سال یازدهم هجری در مدینه تدوین کرد، گفت: «یهود با مسلمانان مانند یک ملت و امت هستند، با این تفاوت که یهود پیرو دین خود و مسلمانان هم تابع دین خود». آن‌چه ما می‌گوییم خط بطلان کشیدن بر استبداد زیر پردهٔ دین است. حرف ما چکیدهٔ یک تجربهٔ بزرگ تاریخی یعنی تجربهٔ شکست دیکتاتوری دینی در ایران است. ما برآنیم که بنیاد تفرقه‌افکنی به نام شیعه یا به نام سنی را براندازیم. سوءاستفاده از مذهب برای منافع قدرت‌پرستانه دیگر نباید ادامه پیدا کند (۳).

مصوبهٔ شورا در مورد جدایی دین و دولت

در اوج هیستری مذهبی خمینی، در دههٔ ۶۰، مجاهدین در چارچوب مصوبهٔ شورای ملی مقاومت بر جدایی دین و دولت تأکید کردند. در همان زمان مسعود رجوی گفت تصویب این طرح، «سرفرازی ویژه‌یی برای همه پیروان آیین راستین محمدی و علوی» است. و دو سال قبل از آن گفت: «ما دقیقا برخلاف خمینی، درصدد تحمیل ایدئولوژی و عقاید خود بر هیچ فرد یا گروهی نبوده، نیستیم و نخواهیم بود. و رأی آزادانه عموم ملت ایران را تنها معیار مشروعیت و قدرت سیاسی می‌شناسیم و اضافه بر این، تحمیل هر ایدئولوژی و عقیده‌یی (از جمله ایدئولوژی مجاهدین) و حاکم نمودن اجباری معیارها و ضوابط آن (حتی بر یک فرد مخالف) را بر حسب تصریحات قرآنی و تأکیدات همه پیامبران و ائمه اطهار، جدی‌ترین علامت ضعف و بی‌ریشه‌گی و ناپایداری و سقوط محتوم آن می‌شناسیم» (۴).

تاکید بر لزوم جدایی دین و دولت

به‌عنوان یک زن مسلمان ضمن تأکید بر لزوم جدایی دین و دولت و از جانب نسلی که پنج دهه است، به دفاع از اسلام اصیل محمدی در برابر ارتجاع و بنیادگرایی برخاسته، اعلام می‌کنم:

۱ـ ما دین اجباری و اجبار دینی را رد می‌کنیم، حکومت استبدادی تحت نام اسلام، احکام شریعت ارتجاعی و تکفیر مخالفان، چه به نام شیعه و چه به نام سنی، ضد اسلام و ضد آیین رهایی‌بخش محمدی است.

۲ـ از نظر ما گوهر اسلام، آزادی است؛ آزادی از هرگونه جبر و ستم و بهره‌کشی.

۳ـ ما از اسلام حقیقی، یعنی اسلام بردبار و دموکراتیک پیروی می‌کنیم؛ اسلام مدافع حاکمیت مردم، اسلام مدافع برابری زن و مرد.

۴ـ ما تبعیض دینی را مردود می‌شماریم و از حقوق پیروان همه ادیان و مذاهب دفاع می‌کنیم.

۵ـ اسلام ما برادری همه مذاهب است. جنگ مذهبی و تفرقه‌افکنی میان شیعه و سنی، ارمغان شوم ولایت فقیه برای استمرار خلافت ضداسلامی و ضدانسانی است. آری، خدای ما خدای آزادی است، محمد ما پیامبر رحمت و رهایی است و اسلام ما دین انتخاب آزادانه است (۵).

حل یک تضاد تاریخی

یکی از مهم‌ترین تضادهای تاریخی حل‌شده در دهه‌های اخیر، برافراشتن پرچم جدایی دین و دولت، توسط یک جنبش معتقد به اسلام دموکراتیک است. تأکید بر این اصل البته حرف امروز یا دیروز مقاومت ایران نیست. برنامهٔ شورای ملی مقاومت که در آبان سال ۶۰ توسط مسعود رجوی منتشر شد، این اصل را تضمین می‌کند.

شورا در آبان سال ۱۳۶۴ با تصویب و انتشار طرحی در این باره، پیشتازی و راهگشایی خود را در این زمینه نشان داد. این طرح در مقدمه‌اش، بر دو شالودهٔ اساسی تأکید می‌کند:

یکی حق آزادی ادیان و مذاهب و دیگری رد هرگونه حق و امتیاز ویژه برای هر دین و مذهبی.

سپس چارچوبی شامل چهار ماده ارائه می‌کند:

اول ممنوعیت هرگونه تبعیض در مورد پیروان ادیان و مذاهب مختلف؛

دوم، ممنوعیت هرگونه آموزش اجباری مذهبی و عقیدتی.

سوم، به‌رسمیت نشناختن قانونی که ناشی از مرجع قانون‌گذاری کشور نباشد، و تأکید بر این که صلاحیت مقام‌های قضایی ناشی از موقعیت مذهبی و عقیدتی آن‌ها نیست.

و چهارم، ممنوعیت تفتیش عقیده و دین و مذهب توسط مراجع دولتی. مسعود در پیامی که همان موقع منتشر کرد، تصویب این طرح را «سرفرازی ویژه‌یی برای همهٔ پیروان آیین راستین محمدی و علوی» توصیف کرد. بله این است اسلام دموکراتیک؛ رو در روی اجبار دینی و دین اجباری آخوندهای حاکم(۶).

خواست مردم ایران برای جدایی دین و دولت

در یک سال گذشته، برنامهٔ شورای ملی مقاومت در خصوص برپایی یک جمهوری بر اساس آزادی و دموکراسی و رأی جمهور مردم، جدایی دین و دولت، برابری زن و مرد و خودمختاری ملیت‌های ستمزده بیش از همیشه با اقبال عمومی مواجه شد. و شورا در جنگ آلترناتیو یعنی در کشاکش روزمره برای نشان‌دادن ضربه‌پذیری و بن‌بست رژیم و موقعیت سرنگونی رژیم آخوندی به موفقیت‌های بسیار دست یافت و نشان داد که

این جایگزین راه و راه‌حل و چشم‌انداز زنده و عینی است.
کانون‌های شورشی با هدف قرار دادن مستمر حوزه‌های جهل و جنایت و مراکز آخوندپروری، دو واقعیت مهم را برجسته و بارز کرده‌اند؛ یکی بیزاری عموم مردم ایران از بساط دین‌فروشی آخوندهای حاکم و دیگری خواست مردم برای جدایی دین و دولت یعنی همان برنامه‌یی که از ۴۰سال پیش در طرح‌های شورای ملی مقاومت اعلام شده است(۷).

پانویس:

۱- سخنرانی مریم رجوی در اجتماع بزرگ مجاهدین در ۵۷امین سال تأسیس سازمان مجاهدین خلق ایران-۱۶شهریور ۱۴۰۰

۲- سخنرانی مریم رجوی در اجلاس سه روزه شورای ملی مقاومت ایران به مناسبت آغاز چهلمین سال تاسیس شورا -۲ تا ۵مرداد ۱۳۹۹

۳- مقاله حقیقت اسلام نوشته مریم رجوی- تیر ۱۳۹۵

۴- سخنرانی مریم رجوی در مراسم نیمهٔ شهریور ۱۴۰۱

۵- سخنرانی مریم رجوی در کنفرانس اسلام دموکراتیک و بردبار علیه ارتجاع و بنیادگرایی، پاریس-۱۲تیر ۱۳۹۴

۶- سخنرانی مریم رجوی در مراسم افطار ماه رمضان در اشرف۳- ۵فروردین۱۴۰۲

۷- سخنرانی در اجلاس شورای ملی مقاومت – مرداد ۱۴۰۱

۵- برابری کامل زنان و مردان

در حقوق سیاسی و اجتماعی و فرهنگی و اقتصادی و مشارکت برابر
نان در رهبری سیاسی، لغو هرگونه تبعیض، حق انتخاب آزادانه پوشش،
زدواج، طلاق، تحصیل و اشتغال. منع بهره‌کشی از زنان تحت هر عنوان

طرح آزادی‌ها و حقوق زنان در ایران آزاد فردا

در سال ۱۳۶۶، شورای ملی مقاومت به اتفاق آرا طرح آزادی‌ها و حقوق زنان را تصویب کرد. در اسفند۱۳۸۸، مریم رجوی در اجلاس «زنان، پیشتاز تغییر دموکراتیک در ایران» در پارلمان اروپا نقطه‌نظرهای مقاومت ایران را دراین‌باره طرح کرد.

الف- اصول
اول- لغو و رفع کلیهٔ ستم‌ها و اجبارت و تبعیض‌های رژیم ارتجاعی خمینی (شریعت آخوندی) دربارهٔ زنان ایران و پایبندی به تمامی آزادی‌ها و حقوق زنان در اعلامیهٔ جهانی حقوق بشر،کنوانسیون رفع کلیهٔ اشکال تبعیض علیه زنان و اعلامیهٔ رفع خشونت علیه زنان، مصوب مجمع عمومی ملل متحد در دسامبر ۱۹۹۳
دوم- تأکید بر تساوی کامل حقوق اجتماعی و سیاسی و فرهنگی و

اقتصادی زن و مرد

سوم- تأمین کامل حقوق تمامی زنان کشور فارغ از هر عدم تساوی و محدودیت بهره‌کشانه و رد هر نوع تلقی کالایی از زن

ب- مهم‌ترین مواد آزادی‌ها و حقوق زنان در ایران آزاد فردا:

۱- حق انتخاب کردن و انتخاب شدن در تمامی گزینش‌ها و انتخابات

۲- حق اشتغال و انتخاب آزادانهٔ شغل و حق تصدی هر مقام، منصب و شغل عمومی و دولتی، ازجمله ریاست جمهوری (طبعا رهبری سیاسی) و قضاوت در تمام مراجع دادرسی.

۳- حق فعالیت سیاسی و اجتماعی آزادانه، رفت‌وآمد و مسافرت بدون نیاز به اجازه دیگری.

۴- حق انتخاب آزادانهٔ لباس و پوشش.

۵- حق استفاده بدون تبعیض از کلیهٔ امکانات آموزشی، تحصیلی، ورزشی و هنری و حق شرکت در تمام مسابقات ورزشی و فعالیت‌های هنری.

۶- به‌رسمیت شناختن تشکل‌های زنان و حمایت از سازمان‌یابی داوطلبانهٔ آنان در سراسر کشور؛ در نظر گرفتن امتیازات ویژه در زمینه‌های گوناگون اجتماعی، اداری، فرهنگی، به‌خصوص در امور آموزشی، به‌منظور رفع نابرابری و ستم مضاعف از زنان.

۷- دریافت مزد مساوی با مردان در برابر کار مساوی؛ منع تبعیض در استخدام و به هنگام اشتغال؛ برخورداری یکسان از مزایای گوناگون از قبیل مرخصی، حقوق بازنشستگی و از کار افتادگی؛ دریافت حق اولاد و تأهل و بیمه بیکاری؛ برخورداری از حقوق و تسهیلات ویژه به هنگام بارداری و زایمان و نگهداری اطفال.

۸- آزادی کامل در گزینش همسر و ازدواج که تنها با رضایت طرفین صورت می‌گیرد و در نزد مقام قانونی به ثبت می‌رسد. ازدواج قبل از رسیدن به سن قانونی ممنوع است.

در زندگی خانوادگی هرگونه اجبار و تحمیل به زن ممنوع است.

۹- حق متساوی طلاق. طلاق در مراجع صلاحیت‌دار قضایی صورت می‌گیرد. زن و مرد در ارائهٔ دلیل برای طلاق برابرند. نحوهٔ سرپرستی اطفال و تأمین معیشت آنان و همچنین نحوهٔ تسویهٔ مالی ضمن حکم طلاق تعیین می‌شود.

۱۰ـ حمایت از زنان بیوه و مطلقه و اطفال تحت حضانت و سرپرستی آن‌ها از طریق نظام تأمین اجتماعی کشور.

۱۱ـ رفع نابرابری‌های حقوقی در زمینهٔ شهادت، ولایت، حضانت و ارث و ممنوعیت چند همسری

۱۲ـ منع هرگونه بهره‌کشی جنسی از زن تحت هر عنوان و الغای کلیهٔ رسوم و قوانین و مقرراتی که بر طبق آن‌ها پدر و مادر، ولی، قیم یا دیگری دختر یا زنی را، به‌عنوان ازدواج یا هر عنوان دیگر، به دیگران واگذار می‌کنند.

- واضح است که این اصول و حقوق و آزادی‌ها، نه‌فقط رهایی زن بلکه رهایی تاریخی مرد و زن ایرانی را باهم، مدنظر دارد(۱).

پانویس:
۱- سخنرانی مریم رجوی در گردهمایی زنان به‌مناسبت روز جهانی زن- ۱۳ اسفند ۱۴۰۱

زنان نیروی تغییر و پیشرفت

پیشتازی زنان در مبارزه با ارتجاع و بنیادگرایی، به‌طور مضاعف در خدمت جنبش هوادار برابری و ریشه‌کنی ستم جنسی است. چرا که، راه ارتقا و جهش جنبش هوادار برابری، پیوند آن با یک جنبش مترقی سیاسی است. چرا که، بدون مشارکت زنان در قدرت سیاسی، بدون حضور زنان در رهبری و تصمیم‌گیری‌های کلیدی اجتماعی، بدون نقش جدی و برابر آنان در مدیریت اقتصادی و بدون مداخله زنان در سیاست بین‌المللی، صحبت از برابری زن و مرد مفهومی ندارد. برابری واقعی وقتی تحقق می‌یابد که زنان در بطن اصلی‌ترین مبارزه روز، مسئولیت‌های کلیدی به‌عهده بگیرند.

علاوه بر این، برای واژگونی نظام تبعیض جنسی و تغییر بنیادین در سیاست‌های آن، زنان باید برای یک دوران، هژمونی سیاسی را در دست بگیرند. هدف و مضمون هژمونی زنان، تضمین برابری و ریشه‌کن کردن ستم جنسی است، نه تعویض مردسالاری با زن‌سالاری. از همین‌رو، تمامی الزام‌ها و تمامی پیامدهایش، درست به‌عکس نظام کنونی، خصلتی رهایی‌بخش دارد و فوران نیروهای آزادشده در اثر رفع این ستم، می‌تواند بن‌بست‌های امروز جامعه بشری را بگشاید و نظامی نوین را در تمامی مناسبات انسانی چه در درون جوامع و چه در سطح بین‌المللی شکل دهد.

پانویس:

۱- سخنرانی مریم رجوی در سالن ارلزکورت لندن- تیرماه ۱۳۷۵

علیه حجاب اجباری

یک عرصهٔ فراگیر در اعمال خشونت و اجبار در ایران، حجاب اجباری است. زنان ایران از نخستین هفته‌های حاکمیت خمینی به حجاب اجباری اعتراض کردند. در همان روزها، زنان مجاهد نیز فعالانه در تظاهرات علیه حجاب اجباری شرکت داشتند....

سلسله‌یی از قوانین وضع شده که آزادی فردی و اجتماعی را از زن ایرانی سلب می‌کند. چند نهاد ویژه سرکوب تأسیس کرده‌اند که کارشان مقابله با بدحجابی است... در واقع، آن‌ها، ایران را به زندان بزرگ زنان تبدیل کرده‌اند.

به‌همین دلیل ما می‌گوییم: زن ایرانی باید آزاد باشد! باید خودش انتخاب کند که چه عقیده‌یی داشته باشد، چه بپوشد و چگونه زندگی کند. و تکرار می‌کنیم که نه به حجاب اجباری، نه به دین اجباری و نه به حکومت اجباری (۱).

حجاب اجباری، اهرمی برای سلطه انحصاری ولایت فقیه

زن ستیزی محور سرکوب علیه تمام جامعه است و بقای استبداد آخوندی به آن مشروط است. علت زن‌ستیزی این رژیم، تعصب کور مذهبی یا تلاش برای حفظ عفاف جامعه یا کیان خانواده نیست. در دوران آخوندها، جامعهٔ ایران شاهد فرو ریختن ارزش‌ها و هم‌چنین گسترش فحشا بوده است. زن‌ستیزی به بهانهٔ دین، به این دلیل سیستماتیک و مستمر شده که اهرمی برای سلطه انحصاری ولایت فقیه است. ده‌ها نهاد سرکوبگر رژیم برمحور زن‌ستیزی می‌چرخد.

این، دستاویز و توجیه‌گر عملیات کنترل دائمی مردم در خیابان‌ها، و

موضوع کار گشت‌های سرکوبگر خیابانی و نهادهایی مانند «اداره مبارزه با منکرات» یا «پلیس امنیت اخلاقی» و ۲۰نوع پلیس دیگر شده است. کما این‌که مقابله با زنان به بهانه بدحجابی، از مؤثرترین حربه‌ها برای ایجاد خفقان توسط رژیم در جامعه و خاموش‌کردن هرصدای اعتراضی است....
به بندکشیدن زنان با تشبث به بهانه‌های به اصطلاح مذهب، هر مرز و محدودیتی را برای آخوندها از بین برده است. یعنی بدین وسیله، آن‌ها دست خود را برای دخالت و کنترل، در همه‌جا بازتر می‌بینند. از جمله در محیط‌های آموزشی و اداری و تولیدی، در گزینش کارمندان یا اخراج آن‌ها، در کنترل دائمی رفت‌وآمد زنان و جوانان در خیابان‌ها، در ورود خودسرانه به خانه‌های مردم، در سانسور کتاب و فیلم و تئاتر و موزیک، در فیلترینگ سایت‌ها و شبکه‌های اجتماعی و در پرونده‌سازی‌های قضایی یا حمله به میهمانی‌ها.

به‌همین خاطر است که در رژیم آخوندها تحمیل و کنترل حجاب، این همه در سیاست‌ها و قوانین رژیم اهمیت یافته و آشکارا بی‌حجاب را مترادف ضدانقلاب معرفی می‌کنند.

به‌همین خاطر است که هرگاه رژیم دچار یک شکست سیاسی و بین‌المللی می‌شود یا هرگاه با قیام‌ها و شورش‌های اجتماعی مواجه می‌شود، از یک طرف تعداد اعدام‌ها را بالا می‌برد و از طرف دیگر عملیات مبارزه با بدحجابی را شدت و گسترش می‌دهد....

آخوندهای حاکم می‌دانند که اگر از حجاب اجباری یا هر یک از قوانین و سیاست‌های خود علیه زنان دست بردارند، نیروی زنان به‌سرعت پیشروی می‌کند و تمام جامعه را به‌حرکت در می‌آورند.

زن ایرانی باید آزاد باشد! باید خودش انتخاب کند که چه عقیده‌یی داشته باشد، چه بپوشد، و چگونه زندگی کند و تکرار می‌کنیم که نه به‌حجاب

اجباری، نه به دین اجباری و نه به حکومت اجباری (۲).

اجبار و دیکتاتوری

رضاشاه روسری را به‌اجبار از سر زنان می‌کشید و خمینی روسری را به‌اجبار بر سر زنان می‌کرد. پس اصل موضوع اجبار و دیکتاتوری است که در آن انتخاب آزادانه جایی ندارد.

ولی امروز در ایران یک انقلاب دموکراتیک جریان دارد. دختران شورشی از تهران تا زاهدان گفتند که چه باحجاب چه بی‌حجاب، پیش به‌سوی انقلاب.

آن‌ها خواستار یک جمهوری دموکراتیک بدون ولایت و سلطنت هستند که شاخص آن آزادی و حاکمیت و رأی جمهور مردم است. آن‌ها فریاد می‌زدند باید ارتجاع و دیکتاتوری را از ریشه برانداخت.

بله نقش کلیدی زنان برای براندازی یک استبداد مذهبی همان چیزی است که هیچ‌وقت آخوندها نمی‌خواستند(۳).

پانویس:

۱ - سخنرانی مریم رجوی در کنفرانس «زنان متحد علیه بنیادگرایی»، پاریس - ۸ اسفند ۱۳۹۴

۲ - سخنرانی مریم رجوی در روز جهانی زن، برلین- ۱۷اسفند ۱۳۹۳

۳-سخنرانی مریم رجوی به مناسبت روز جهانی زن- ۱۳اسفند۱۴۰۱

مشارکت فعال و برابر زنان در رهبری سیاسی

به‌درستی می‌گویند، حقوق بشر همان حقوق زنان است. و من به آن اضافه می‌کنم که رهبری زنان تضمین دموکراسی و برابری است.

تا زمانی که امکان مشارکت زنان در رهبری سیاسی فراهم نشود، هر دستاوردی در امر برابری، بازگشت‌پذیر است.

آری این زن ایرانی است که امروز با پیشتازی خود و دوشادوش مردان ایران زمین، ولایت‌فقیه را شکست می‌دهد و فردا آزادی و دموکراسی و برابری را تضمین می‌کند. قیام ایران با پیشتازی زنان این حقیقت را گواهی کرد.(۱)

تجربهٔ ما

تجربهٔ ما (در درون جنبش مقاومت) این است که شکستن طلسم نابرابری، بدون یک جهش، ممکن نیست و باید مواضع مسئول رهبری‌کننده را بدون هیچ نگرانی به ذیصلاح‌ترین زنان سپرد.

هژمونی زنان در این مقاومت، به‌مثابه یک تحول ساختارشکن برای زنان، راه مسئولیت‌پذیری را در همهٔ زمینه‌ها باز کرد. بر اثر این کارزار، آن‌ها موفق به کسب ارزش‌های نوین شدند و بر فرهنگ کهنه و ارتجاعی غلبه کردند.

در اولین قدم، آن‌ها به خود و توانمندی‌های خود باور کردند. و هنگامی که دریافتند که نقش مسئولانهٔ آنان چقدر در پیشبرد مبارزه با استبداد مذهبی ضروری است، از دنیای غیرمسئول و کنش‌پذیر و از دنیای زنی که تنها به اتکاء دیگری اعتبار می‌یابد، به دنیای زنان مسئول که هدایت یک مبارزه را با همه پیامدهای آن به‌دست می‌گیرند، قدم گذاشتند.

آن‌ها ضدارزش‌هایی مانند، حسادت، قیاس، اصالت‌دادن به‌ویژگی‌های فیزیکی، مثل شکل و قیافه، و جوانی و پیری را که خورهٔ انرژی‌های زنان است، از خود دور کردند. آن‌ها هم‌چنین توانستند تزلزل و شکنندگی را تبدیل به صلابت و استحکام کنند. آن‌ها ترس از شکست، و ضعف نشان‌دادن در مقابل هجوم سختی‌ها را از خود دور کرده‌اند و به‌جای فروریختن، آموختند که قدرت غلبه بر شکست را در خود بپرورانند. آن‌ها یاد گرفتند که به‌جای ناامیدی، همواره امیدوار و سخت‌کوش، به‌سمت پیروزی راه باز کنند.

درجنبش ما رابطهٔ زنان به‌گونه‌یی تغییر کرده که مانند خواهران تنی در کنار یکدیگر کار می‌کنند، همدیگر را می‌شنوند و پشتیبان یکدیگرند و سخت‌ترین مسئولیت‌ها را این چنین باهم پیش می‌برند.

آن‌ها رقابت منفی بین زنان را کنار زده‌اند؛ به نحوی که ارتقای هر زن، عامل تشویق و انگیزش سایر زنان است، تلاش جمعی برای ارتقای مسئولیت سایر زنان، یک ارزش است و همه زنان می‌توانند این ارزش‌ها را کسب کنند.

آن‌ها به این باور رسیده‌اند که با پشتیبانی و همکاری با سایر زنان، خودشان توانمندتر می‌شوند. و در این مسیر قدرت بالایی برای ایثار کردن نسبت به سایر خواهران‌شان کسب کرده‌اند. به همین دلیل است که توانسته‌اند سخت‌ترین و بغرنج‌ترین نبردها، را رهبری کنند....

برای بنای ایران آزاد فردا نیز باید به‌همین دیدگاه، مجهز بود؛ تا با آن بتوان نهادهای دموکراسی را در جامعه فردا تأسیس کرد. یعنی مقاومت ما این رسالت را نیز بر دوش دارد که سازنده و تأسیس‌کننده باشد.

اگر دموکراسی بر برابری زن و مرد، مشارکت برابر همگان، انتخاب آزادانهٔ آحاد جامعه و بیان آزاد و بی‌قید و شرط بنا نشود، به‌سرعت به انحراف و

ارتجاع کشیده می‌شود.

امر برابری در درون جنبش ما، نوید الهام‌بخشی برای جامعهٔ ایران، به‌خصوص برای زنان و جوانان است. وقتی که جنسیت‌گرایی را هدف قرار می‌دهید، دارید سنگ بنای ولایت‌فقیه را درهم می‌شکنید. و وقتی که زن‌ستیزی آخوندها را نشانه می‌روید، قلب ایدئولوژی آن‌ها را نشانه رفته‌اید.

در این صورت، دیگر نه فقه و شریعت آخوندی، و نه قوانین و فرهنگ ارتجاعی آن‌ها، تکیه‌گاهی پیدا نمی‌کند. این توضیح، نشان می‌دهد که چرا آخوندها بی‌وقفه، گسترده و با دجالیت تمام، مجاهدین را هدف قرار می‌دهند.

نخستین جرم مجاهدین از نظر آن‌ها، تعهد به آرمان‌شان برای تغییر رژیم در ایران است. اما علاوه بر این، در شریعت آخوندها، مجاهدین و مقاومت ایران، گناه کبیره مرتکب شده‌اند. زیرا این مقاومت معتقد است که زن ایرانی شایستگی آن را دارد و باید سکان رهبری را در ایران دموکراتیک فردا به‌دست بگیرد. زیرا این جنبشی است که به کلی با ایدئولوژی و رفتار رژیم دیکتاتوری مذهبی، سر ستیز دارد و به‌پاخاسته تا کاخ ستم و نابرابری را از اساس واژگون سازد (۲).

در بارهٔ هزار زن مجاهد در شورای مرکزی مجاهدین

من همیشه گفته‌ام که مقاومت ما، به‌ویژه هزار زن مجاهدی که شورای مرکزی مجاهدین را تشکیل می‌دهند و سالیان در جاده آتش و خون راه پیموده‌اند، نه برای کسب قدرت، بلکه برای انتقال قدرت آمده‌ایم. برای سلب قدرت و حاکمیت از دیکتاتور و ستمگر و انتقال آن به آرای جمهور ملت.

این همان هدفی است که ارزش فدا کردن و دست کشیدن از زندگی عادی و بی‌خطر را دارد.

آن هزار زن که گفتم، هستهٔ مرکزی رهبری جمعی قیام خلق و استراتژی هزار اشرف هستند. زنانی که یاد گرفته‌اند ایدئولوژی «اول من» و «برای من» را به‌واقع کنار بگذارند.

این فقط در جریان عمل و مبارزه با دیکتاتوری‌های شاه و شیخ امکان‌پذیر شد. مخصوصاً وقتی‌که دختران و زنان مجاهد هزار هزار در برابر خمینی و رژیمش به میدان آمدند.

من رژهٔ آن‌ها در تهران و فعالیت‌هایشان در کاندیداتوری و برنامه‌های انتخاباتی مسعود، که آزادی شعار اصلی او بود، را به یاد دارم.

زندان‌ها و شکنجه‌گاه‌ها از این زنان و دختران پر شد. هزار هزار اعدام شدند. هزار هزار شکنجه شدند اما سرخم نکردند و الگوی مقاومت در تاریخ معاصر ایران شدند.

من شاهد بودم در لحظات بسیار سخت که باید بار مسئولیت‌های سنگین را در مواضع هژمونی به دوش می‌کشیدند، آن‌ها چگونه با عبور از تردید و ناباوری به انتخاب جانانه می‌رسیدند و ایفای مسئولیت می‌کردند.

بله در جریان مبارزه با ارتجاع و دیکتاتوری من دیدم که ایدئولوژی جنسیت و اول من، مغلوب شد. دنیای مرسوم حسادت و رقابت درهم شکست و دنیای جدید خواهری حقیقی و پشتیبانی از هم و زنجیرشدن در یکدیگر، غالب شد.

این از زیباترین لحظات برای من و قطعا جمع زنان است.

به جرات می‌گویم که حالا جمع آن‌ها، یکپارچه شور و عزم و اراده برای پیشروی‌های بزرگ است از سرنگونی شیخ تا برقراری آزادی و دموکراسی و آبادی و توسعهٔ ایران، آن‌هم با مشارکت برابر زنان.

هرکس کمی با این تجربه آشنا باشد، می‌داند که قدم برداشتن در این مسیر ساده نیست. برای هر گام آن باید تضاد جدی حل کرد.

این زنان رقیب یکدیگر نیستند بلکه کمک‌کار و مکمل هم هستند. قدرت خود را در تکثیر یکدیگر می‌بینند نه در حذف هم.

و این کیمیای انسانی و رهایی‌بخشی است که همه به آن نیازمندند.

این بالاترین دستاورد جمع زنان مجاهد است و در این ۴دهه، نسل جدیدی از زنان انقلابی را به میدان آورده است که نه تنگ‌نظری و حسادت، بلکه آبشاری از عاطفه‌ها و رابطه‌ها آن‌ها را می‌سازد و میزان فداکاری‌شان برای یکدیگر مرزی نمی‌شناسد.

در یک جمله بگویم این همان چیزی است که اعتمادهای خیانت‌شده و عاطفه‌های جریحه‌دارشدهٔ جامعهٔ ایران به آن نیاز دارد.

من به چشم دیده‌ام که راهگشایی زنان در این مسیر چگونه مردان این جنبش را دگرگون کرده و به آن‌ها آموخته که از دنیای اول من و رقابت، به دنیای برادری و همبستگی و پشتیبانی یکدیگر وارد شوند و این‌چنین نسل جدیدی از مردان رها، خلق‌شده است (۳).

پانویس:

۱- سخنرانی مریم رجوی در گردهمایی زنان به‌مناسبت روز جهانی زن- ۱۳اسفند ۱۴۰۱

۲- سخنرانی مریم رجوی در کنفرانس روز جهانی زن ـ ۱۹اسفند ۱۳۹۱

۳- سخنرانی مریم رجوی در گردهمایی زنان به‌مناسبت روز جهانی زن- ۱۳اسفند ۱۴۰۱

۶ - دادگستری و نظام قضایی مستقل

طبق معیارهای بین‌المللی مبتنی بر اصل برائت، حق دفاع، حق دادخواهی، حق برخورداری از محاکمه علنی و استقلال کامل قضات. الغاء قوانین شریعت آخوندی و بی‌دادگاه‌های انقلاب اسلامی

در ایران فردا، امنیت قضایی و شغلی تمام آحاد مردم و حقوق فردی و اجتماعی مصرح در اعلامیهٔ جهانی حقوق بشر تضمین می‌شود.

در ایران فردا، همه ارگان‌های سرکوبگر به جامانده از رژیم خمینی و همهٔ محاکم و دادگاه‌های فوق‌العاده منحل‌می‌شود. اصل آزادی دفاع و حق فعالیت کانون‌های وکلا و رسیدگی به جرایم در دادگاه‌های علنی، با حضور هیأت منصفه تأمین می‌گردد.

مردم ایران از حق رجوع مؤثر به دادگاه‌های صالحه (مادهٔ ۸ اعلامیه جهانی حقوق بشر) محروم‌اند. چنین دادگاه‌هایی در ایران وجود خارجی ندارد. به‌جای آن بی‌دادگاه‌هایی عاری از روند صحیح دادرسی دائر است که تنها تابع ارادهٔ حاکمان شرع آخوندی یا شکنجه‌گران و عوامل سرکوب است.

اصل ۱۶۷ قانون اساسی ولایت فقیه، سرنوشت متهمان یا شاکیان و حقوق آن‌ها را تابع امیال و خواست شخصی قاضیان دست‌نشاندهٔ ولی فقیه کرده (۱) که بر اساس استنباط خود از به‌اصطلاح «فتاوی معتبر» ـ نام مستعار «تحریرالوسیله» خمینی ـ هر تصمیمی که می‌خواهند

بگیرند.

محاکمه‌ها، حتی در موارد حساسی که به حکم اعدام منجر می‌شود، اغلب بیشتر از چند دقیقه نیست. بسیاری از متهمان وکیل ندارند یا ناگزیرند وکیل تحمیلی همان بیدادگاه را بپذیرند که اغلب علیه متهمان ایفای نقش می‌کند. در مواردی که وکلا برای دفاع از موکلان خود تلاش کنند از دست‌یافتن به مندرجات پرونده‌ها منع می‌شوند و چنان‌چه بر خواست خود اصرار کنند تحت تعقیب قرار می‌گیرند و گاه به زندان‌های طولانی مدت محکوم می‌شوند(۲).

پانویس:

۱ ـ قانون اساسی ولایت فقیه، اصل ۱۶۷: «قاضی موظف است کوشش کند حکم هر دعوا را در قوانین مدونه بیابد و اگر نیابد با استناد به منابع معتبر اسلامی یا فتاوی معتبر، حکم قضیه را صادر نماید».

۲ - بیانیهٔ مریم رجوی در آغاز هفتادمین سال تصویب اعلامیهٔ جهانی حقوق بشر - آذر ۱۳۹۶

۷ - خودمختاری و رفع ستم مضاعف از اقوام و ملیت‌های ایرانی

طبق طرح شورای ملی مقاومت برای خودمختاری کردستان ایران

یکی از مهم‌ترین مسائلی که شورای ملی مقاومت از شروع تأسیس خود اکیداً مورد توجه قرار داده، خودمختاری ملیت‌های ستمزده است. البته از شروع حاکمیت خمینی، نیروهای تشکیل‌دهندهٔ این شورا در مقابل سرکوب هموطنان کرد، عرب، ترکمن و سایر ملیت‌ها توسط این رژیم ایستادند. شورا در برنامهٔ خود تأکید کرده که همهٔ ملیت‌ها و همهٔ شاخه‌ها و تنوعات ملی وطن‌مان باید از خودمختاری داخلی برخوردار باشند و تاکید می‌کند که حقوق و آزادی‌های فرهنگی و اجتماعی و سیاسی آن‌ها در چارچوب وحدت، حاکمیت و یکپارچگی کشور باید تامین شود.

شورا به طور خاص، یک طرح ۱۲ماده‌یی برای خودمختاری کردستان ایران در سال ۱۳۶۲ تصویب کرد، که هنوز هم یکی از جامع‌ترین الگوهای جهانی است (۱).

در این طرح از جمله آمده است: تمامی حقوق و آزادی‌های مصرح در اعلامیه جهانی حقوق بشر و منشورهای بین‌المللی مربوط به آن همانند آزادی اندیشه و بیان و آزادی مطبوعات، آزادی تشکیل احزاب و نهادهای سیاسی و اتحادیه‌ها، شوراهای کارگری و دهقانی و اصناف، و انجمن‌های

دموکراتیک، حق انتخاب شغل و محل سکونت، آزادی دین در منطقه خودمختار کردستان هم‌چون بقیهٔ مناطق ایران تضمین می‌شود. تمام ساکنان کردستان از زن و مرد با ساکنان دیگر مناطق ایران و بدون هرگونه تبعیض جنسی، یا ملی یا نژادی و دینی در حقوق اجتماعی، اقتصادی، سیاسی وفرهنگی مساوی می‌باشند. هرکس که خواهان پایداری تمامیت ارضی و وحدت ملی ایران است، از احقاق حقوق تمامی بخش‌های تشکیل‌دهندهٔ ایران باید دفاع کند. ما هم‌چنین خواهان برابری پیروان همهٔ ادیان هستیم. این برای ما دردآور است که خواهران و برادران اهل سنت ما نمی‌توانند مساجد خودشان را در ایران داشته باشند یا علمای اهل سنت تحت فشار و سرکوب مضاعف هستند. این ضد تعالیم اسلام است. ما خواهان برابری کامل همهٔ ملیت‌های ایرانی هستیم. این چیزی است که منافع ایران را محقق می‌کند و جزء برنامه‌های مقاومت است.

ما می‌گوییم وجود ملیت‌های ستم‌زده، نیروی بزرگ و موثری برای سرنگونی رژیم و کسب آزادی است، پس باید شخصیت چند فرهنگی و چند زبانی ایران را غنیمت شمرد.
هم‌وطنان ما که از ملیت‌ها و فرهنگ‌ها و زبان‌های گوناگون برخوردارند، باید بتوانند به‌طور برابر در تصمیم‌های ملی مشارکت کنند، باید بتوانند هویت فرهنگی و دینی و زبانی خود را حفظ کنند، و باید بتوانند به زبان مادری خود سخن بگویند، کار و تحصیل کنند و آن را اشاعه دهند (۳).

شورای ملی مقاومت در کنش و واکنش فعال خود، پیوند ملیت‌های ستم‌زده با مبارزهٔ سراسری را اکیداً تقویت کرد و توجه انظار عمومی را به این واقعیت، بیش از پیش جلب کرد که یگانه حامی هم‌وطنان بلوچ و کرد

و عرب در سطح سراسری همین جایگزین دموکراتیک است.
در مقابل تصمیم رژیم برای ۴ استانی‌کردن سیستان و بلوچستان، مقاومت ما این طرح را اقدامی برای «تفرقه‌اندازی در سیستان و بلوچستان» اعلام کرد و از دلیران بلوچ خواست در برابر آن مقاومت کنند.

با طرح تجزیه استان خوزستان و تقسیم آن به دو قسمت قویاً مخالفت کرد و هموطنان خوزستانی را به اعتراض علیه این طرح ترغیب کرد که چیزی جز منحرف کردن توجهات مردم از قیام و تفرقه‌اندازی بین اهالی خوزستان نیست.

پس از توپباران مناطقی از کردستان عراق توسط رژیم کردکش ولایت‌فقیه، مسئول شورا گفت: «برای واپس نشاندن رژیم در توپباران مردم بی‌گناه و احزاب کرد ایرانی در منطقۀ مرزی باید در شهرهای ستم‌زدۀ کردستان ایران و سراسر کشور، مانند نمونۀ آب در خوزستان به اعتراض برخاست».
در قیام خوزستان، با دست گذاشتن بر نقش ویرانگر سپاه پاسداران تأکید کرد:«سپاه پاسداران خامنه‌ای باید از خشک کردن عمدی هورها که باعث فجایع زیست‌محیطی شده مخصوصاً علیه هموطنان عرب ما دست بردارد و گورش را گم کند» (۴).

رژیم آخوندی، دشمن تمام مردم ایران اعم از فارس و ترک و کرد و عرب و بلوچ است و از نظر سرکوب، همۀ مردم در یک وضعیت هستند. هر چند بخش‌هایی از هموطنان ما از ستم مضاعف ملی و مذهبی هم رنج می‌برند و تحت ستم و سرکوب و تبعیض شدیدی از جانب رژیم آخوندی هستند. سرنگونی رژیم آخوندی الزام پایان‌دادن به همۀ این ستم‌هاست. شورای ملی مقاومت از آغاز بر رفع ستم مضاعف از همۀ شاخه‌ها و تنوعات ملی ایران و تأمین جمیع حقوق و آزادی‌های فرهنگی و اجتماعی و سیاسی

برای آن‌ها، در چارچوب وحدت، حاکمیت و یکپارچگی تجزیه‌ناپذیر کشور، تأکید کرده است.

ما بر خودمختاری ملیت‌های ایران تأکید داریم. خودمختاری داخلی به مفهوم رفع ستم مضاعف از همهٔ شاخه‌ها و تنوعات ملی وطن‌مان و تأمین جمیع حقوق و آزادی‌های فرهنگی و اجتماعی و سیاسی برای آن‌ها در چارچوب وحدت، حاکمیت و یکپارچگی تجزیه‌ناپذیر کشور(۵).

پانویس:

۱- سخنرانی مریم رجوی در اجلاس سه روزهٔ شورای ملی مقاومت ایران به مناسبت آغاز چهلمین سال تاسیس شورا -۲ تا ۵مرداد۱۳۹۹

۲- پیام مریم رجوی به مناسبت شروع سال تحصیلی ۱۳۹۴-۱۳۹۵

۴- سخنرانی مریم رجوی در اجلاس شورای ملی مقاومت ایران در چهل و یکمین سالگرد تاسیس شورا- مرداد ۱۴۰۱

۵- مصاحبه مریم رجوی با المجله- اسفند ۱۳۸۹

۸ - عدالت و فرصت‌های برابر در اشتغال و در کسب و کار و بازار آزاد برای تمام مردم ایران. احقاق حقوق کارگر و دهقان، پرستاران، کارمندان، فرهنگیان و بازنشستگان

مردم ایران تحت حاکمیت آخوندها، از حق تشکیل سندیکاها و اتحادیه‌های مستقل کارگری و کارمندی و تشکل‌های مستقل دانشجویی محروم‌اند. به‌جای آن رژیم ولایت فقیه اتحادیه‌های ساختگی و فرمایشی را ایجاد کرده که بخشی از ساختار امنیتی و اطلاعاتی حکومت برای کنترل کارگران و کارمندان و دانشجویان‌اند. بسیاری از کسانی که برای ایجاد تشکل‌های مستقل به تلاش برخاسته‌اند، به‌ویژه کارگران و معلمان مبارز، توسط رژیم دستگیر شده و به حبس‌های طولانی و محرومیت از حقوق اجتماعی خود محکوم شده‌اند.

تحت حاکمیت آخوندها بر مردم ایران تبعیض‌های وحشتناکی روا شده است. اعضای باندهای حاکم همه چیز را از آن خود کرده موقعیت‌ها و ثروت‌های افسانه‌یی به هم زده‌اند، از پرداخت مالیات معاف‌اند، از بی‌شمار رانت‌ها در همهٔ زمینه‌ها بهره‌مند می‌شوند، موانع دست و پاگیر اداری و امنیتی برای آن‌ها وجود ندارد و به جرم خلاف‌ها و مفاسد بی‌شمارشان

هرگز تحت پیگرد قرار نمی‌گیرند. حال آن‌که اکثریت عظیم مردم در برابر به اصطلاح دادگاه‌ها همواره طرف فرودست یا بی‌حقوق‌اند، در استفاده از فرصت‌های شغلی و تحصیلی، و در برخورداری از فرصت‌های اقتصادی سهم‌شان ناچیز یا هیچ است. و همواره به پرداخت رشوه و تحمل انواع تحقیرها و ظلم‌ها محکوم‌اند. در حالی که داشتن مسکن مناسب، یک حق بنیادین بشری است، بسیاری از مردم ایران از این حق دور نگه داشته شده‌اند. امروز حدود بیست میلیون نفر در حومه‌های به شدت محروم شهرها وحلبی‌آبادها ـ موسوم به سکونت‌گاه‌های غیرمجاز ـ زندگی می‌کنند که فاقد حداقل خدمات شهری است. بر اثر سیاست غارتگرانه و پرفساد رژیم حاکم، میانگین مقاومت و ایمنی در خانه‌های شهری و روستایی، به‌ویژه خانه‌های احداث شده در سال‌های اخیر، به میزان خطرناکی پایین است و جان و زندگی میلیون‌ها ایرانی را در برابر حوادث طبیعی به‌خصوص در برابر زلزله بی‌دفاع گذاشته است. در ربع قرن اخیر، ۵۰۰هزار تن از هموطنان ما بر اثر حوادث طبیعی و بی‌عملی و تعلل جنایت‌بار رژیم حاکم در امر امدادرسانی جان خود را از دست داده‌اند (۱).

لغو قوانین و مقررات ضدکارگری و ضد دهقانی

ـ در ایران فردا، که کارگران و دهقانان و انبوه زحمتکشان شهر و روستا موتور محرک پیشرفت و سازندگی و آبادانی آن هستند، کلیهٔ قوانین و مقررات ضدکارگری و ضددهقانی و کلیه دیون دهقانان و کارگران به رژیم خمینی لغو می‌شود و قوانین جدید با مشارکت خود آن‌ها، که صاحبان

واقعی دسترنجشان هستند به تصویب می‌رسد.

ـ در ایران فردا، از همهٔ متخصصان و اندیشمندان و هنرمندان ملی و میهن‌پرست، در هرکجای جهان که هستند، برای شرکت در سازندگی، آبادانی، پیشرفت و استقلال کشور و خدمت به رفاه مردم استقبال خواهد شد و به اندیشه و تخصص و تلاش آن‌ها به عنوان ارزشمندترین سرمایه‌های انسانی و ملی ارج گذاشته می‌شود.

ـ در ایران فردا، بازار و سرمایه‌داری ملی، مالکیت شخصی و خصوصی، و سرمایه‌گذاری در جهت توسعهٔ اقتصاد ملی و رشد تولید تضمین خواهد گردید.

ـ در ایران فردا، تأمین نیازمندی‌های ضروری زندگی از قبیل معیشت و مسکن و بهداشت و تحصیلات برای محرومان و اقشار کم‌درآمد جامعه شامل کارگران، کشاورزان و کارمندان، به‌خصوص معلمان و دبیران و بازنشستگان، در اولویت قرار خواهد گرفت (۲).

پانویس:

۱- بیانیه مریم رجوی در آغاز هفتادمین سال تصویب اعلامیهٔ جهانی حقوق بشر- آذر ۱۳۹۶

۲- آزادی- سخنرانی مریم رجوی در میتینگ بزرگ ۳۰خرداد- دورتموند ۲۶خرداد ۱۳۷۴

- حفاظت و احیای محیط زیست قتل‌عام شده در حکومت آخوندها

فاجعهٔ زیست‌محیطی در ایران

ما معتقدیم که رهایی جامعه از گرانی، فقر، بیکاری، زاغه‌نشینی، قحطی آب و فجایع زیست‌محیطی امکان‌پذیر است. اما قبل از هر چیز حقوق سیاسی و مشخصاً حق حاکمیت پایمال شدهٔ مردم ایران، باید اعاده و احیا شود. این خاستگاه مقاومت ما و فلسفهٔ وجودی شورای ملی مقاومت ایران است (۱).

خمینی و همدستان او، حاکمیت خود را با کشتن آزادی‌ها آغاز کردند، حکومت خود را بر خون مجاهدان و مبارزان ایران و قتل‌عام‌شدگان سال ۶۷ بنا کردند و پا به پای آن، کشتار و تخریب را در همهٔ عرصه‌ها گسترش دادند. انحطاط آموزش و فرهنگ و هنر و اخلاق جامعه، فروپاشی اقتصاد، تخریب محیط زیست و جنگ و تروریسم علیه همسایگان... ولایت فقیه در تمامیت خود یعنی انهدام و انحطاط فزاینده.

آزادی‌کشی و استبداد، هر مانعی برای قتل و کشتار محیط زیست ایران توسط آخوندهای اشغالگر حاکم را از میان برداشته است.

امروز در ایران، کمبود آب و در مناطقی قحطی آن، شرایط و چشم‌انداز هولناکی ایجاد کرده است، یکی از بزرگ‌ترین دریاچه‌های ایران یعنی ارومیه در حال احتضار است، از تالاب‌ها تقریبا چیزی نمانده، جنگل‌ها بی‌رحمانه سلاخی شده‌اند، کویر و خشکی به سرعت در حال پیشروی است، هوای کشور در شماری از شهرها غیرقابل تحمل شده است و طرح‌های نظامی و امنیتی و پروژه‌های غارتگرانهٔ سپاه پاسداران پی‌درپی باقیماندهٔ ظرفیت‌های فرسوده زیست محیطی را نابود می‌کند.

رژیم ولایت فقیه و سپاه پاسداران‌اش برای ادامهٔ حاکمیت خود، به سنگسار حقوق بشر ایران نیازمندند، برای طرح‌های امنیتی و نظامی از جمله برنامهٔ موشکی و برای اهداف غارتگرانه، بی‌وقفه ظرفیت‌های زیست‌محیطی ایران را ویران می‌کنند و برای مهار بحران و بی‌ثباتی خود در داخل ایران به‌جنگ و کشتار علیه مردم منطقه رو آورده‌اند.

از این رو خواست مبرم مردم ایران برای به‌زیر کشیدن رژیم ولایت فقیه نه فقط برای احیای آزادی، حقوق بشر، عدالت و محیط زیست ایران است بلکه لازمهٔ صلح و امنیت منطقه و تمام جهان است (۲).

پانویس:

۱- سخنرانی مریم رجوی در گردهمایی بزرگ مقاومت در پاریس - ۹ تیر ۱۳۹۷

۲- پیام مریم رجوی به تظاهرات ایرانیان در پاریس: نجات حقوق بشر و محیط زیست ایران در گرو تغییر رژیم است.

۱۰ - ایران غیر اتمی
و عاری از تسلیحات کشتار جمعی،
صلح، همزیستی و همکاری‌های بین المللی و منطقه‌یی

ایران آزاد فردا یک ایران غیر اتمی، عاری از تسلیحات کشتار جمعی و همراه با صلح، همزیستی و همکاری‌های بین‌المللی و منطقه‌یی است. مقاومت ایران در سال‌های اول دههٔ ۱۳۸۰ با روشنگری‌های مستند خود مخفی‌کاری رژیم در برنامهٔ بمب‌سازی هسته‌یی را درهم شکست. ما با شعار ایران غیر اتمی گام‌های بلندی در این راستا برداشتیم.

افشای مخفی کاری رژیم برای بمب سازی توسط مقاومت ایران

مقاومت ایران در سال ۱۳۶۹به‌مذاکرات سری سران رژیم دست یافت که در آن رفسنجانی می‌گفت برای بقای نظام باید به‌بمب اتمی دست پیدا کنیم. در ۲۰ مرداد ۱۳۸۱ هنگامی که مقاومت ما برای اولین بار پروژهٔ اتمی رژیم را در نطنز و اراک افشا کرد، ما مجدداً اعلام کردیم که رفسنجانی رئیس جمهور وقت رژیم، در جلسهٔ شورای‌عالی امنیت رژیم تصریح کرده است: «دستیابی به‌سلاح اتمی مهم‌ترین تضمین برای بقای ماست و در این‌صورت کشورهای غربی نخواهند توانست جلوی نفوذ و

پیشروی انقلاب اسلامی را بگیرند».

بعد از مرگ خمینی هم، خامنه‌ای سرنوشت خود و نظام‌اش را به برنامهٔ اتمی گره زده است. همان طور که خمینی سرنوشت خودش را به جنگ با عراق گره زده بود.

در مقابل، مقاومت ایران از سال ۱۳۷۰ با افشاگریهای پی‌درپی، برهم زدن طرح رژیم را در دستور کار خود قرار داد و در سال ۱۳۸۱ سری‌ترین و مهمترین سایت‌های اتمی رژیم را در معرض آگاهی تمام جهان قرار داد. سران رژیم بارها اقرار کرده‌اند، که این افشاگری تأثیر تعیین‌کننده در دورکردن رژیم از بمب داشته است. این افتخاری برای مقاومت ایران است که به یمن فداکاری اعضا و هواداران‌اش در داخل ایران بیش از تمام دولت‌ها و نهادهای بین‌المللی اثرگذار بوده و مانع دستیابی رژیم آخوندی به بمب اتمی شده است (۱).

توافق هسته‌یی غرب با رژیم

دور زدن شش قطعنامهٔ شورای امنیت و یک توافق بدون امضا که الزامات یک معاهدهٔ رسمی بین‌المللی را ندارد، البته راه فریبکاری آخوندها و دستیابی آن‌ها به بمب اتمی را نمی‌بندد. با این همه، همین میزان عقب‌نشینی، هژمونی خامنه‌ای را هم‌چنان که مقاومت ایران از قبل خاطرنشان کرده است، در هم می‌شکند و تمامیت فاشیسم دینی را تضعیف و متزلزل می‌کند.

این عقب‌نشینی که کارگزاران نظام از آن به عنوان جام زهر اتمی نام

می‌برند، ناگزیر به تشدید جنگ قدرت در رأس رژیم و برهم خوردن تعادل درونی آن علیه ولی فقیه فرتوت راه می‌برد. جنگ قدرت در راس رژیم به تمامی سطوح آن تسری پیدا می‌کند. از این رو مضمون و ساختار توافق مزبور را به اختصار می‌توان «باخت-باخت» توصیف کرد.

اگر کشورهای ۵+۱ قاطعیت به‌خرج می‌دادند رژیم ایران هیچ چاره‌یی جز عقب‌نشینی کامل و دست کشیدن دائمی از تلاش برای دستیابی به بمب اتمی و مشخصاً دست برداشتن از هرگونه غنی سازی و تعطیل کامل پروژه‌های بمب‌سازی نداشت. اکنون هم باید با قاطعیت بر روی عدم دخالت و خلع ید از رژیم در سراسر منطقه خاورمیانه پافشاری کنند و این ضرورت را به‌عنوان یک اصل بنیادین وارد هر گونه توافقی بنمایند در غیر این صورت هر کشوری دراین منطقه پر جنگ و آشوب حق دارد خواستار تمام امتیازاتی شود که به رژیم آخوندها داده شده است و این حاصلی جز تشدید مسابقهٔ فاجعه‌بار اتمی در این قسمت از جهان ندارد.

نکتهٔ مهم دیگر اینست که پول‌های نقدی که به جیب رژیم ریخته می‌شود باید تحت کنترل شدید سازمان ملل صرف نیازمندی‌های مبرم مردم ایران به‌ویژه حقوق اندک و پرداخت نشدهٔ کارگران و معلمان و پرستاران و تامین غذا و دارو برای تودهٔ مردم شود در غیر این صورت خامنه‌ای پول‌ها را کماکان در چارچوب سیاست صدور تروریسم و ارتجاع به عراق و سوریه و یمن و لبنان سرازیر می‌کند و قبل از همه، جیب پاسداران نظام را پرتر از همیشه می‌کند(۴).

در توافق سال ۱۳۹۴ کشورهای ۵+۱ مشوق‌ها و امتیازهای بسیاری به‌رژیم

دادند، از حفظ برنامهٔ غنی‌سازی تا کنار گذاشتن ۶ قطعنامهٔ شورای امنیت تا ارسال پول نقد.

با این امتیازها، رژیم وارد عملیات پنهانی تکمیل برنامهٔ اتمی خود شد. و تیم اصلی محققان تسلیحاتی خود را فعال و دست نخورده نگه داشت. صالحی رئیس سازمان انرژی اتمی رژیم اعتراف کرد که در راکتور آب سنگین اراک لوله‌های مخزن سوخت آن با بتن پر شد، و همزمان رژیم مخفیانه لوله‌های مشابهی خریداری و حفظ کرده بود و از این عملیات فقط خود او و خامنه‌ای مطلع بوده‌اند.

وقایع و شواهد متعدد تأیید می‌کند که رژیم پیش از خروج آمریکا از برجام، تکمیل شتابان برنامهٔ اتمی خود را شروع کرده بود.

در همان سالی که توافق اتمی امضا شد، سازمان امنیت داخلی ایالت نورد راین وستفالن آلمان اعلام کرد که ۱۴۱ مورد تلاش برای خرید تجهیزات برنامهٔ اتمی از جانب رژیم ایران را ثبت کرده است. سرویس‌های اطلاعاتی این کشور در گزارش‌های مستند دیگری فاش کردند که در هر یک از سال‌های بعد از امضای برجام، رژیم تلاش کرده بود از شرکت‌های آلمانی مواد و فناوری مورد نیاز در ساخت جنگ افزارهای کشتار جمعی را خریداری کند.

در واقع رژیم از معاملهٔ اتمی مثل آتش بس در یک جنگ در شرف شکست استفاده کرد تا به تجدید قوا و گسترش برنامهٔ اتمی‌اش بپردازد. و در اردیبهشت ۹۶ آخوند روحانی رئیس جمهور رژیم، با انتشار کتابی نوشت:

اگر شرایط قبل از برجام ادامه می‌یافت «دیگر نیازی به حملهٔ نظامی گسترده از سوی دشمن وجود نداشت بلکه کشور از درون به مرحلهٔ فروپاشی می‌رسید».

نتیجه این‌که خامنه‌ای درحال ساختن بمب است و از آن دست برنخواهد داشت. هر توافقی هم که برای کاهش این فعالیت‌ها امضا کند و هر قولی که بدهد، دروغ محض است (۵).

پروژهٔ اتمی برخلاف منافع ملی مردم ایران

مردم و مقاومت ایران، ایران اتمی نمی‌خواهند. پروژه اتمی بر خلاف منافع ملی مردم ایران است و این تنها در خدمت دیکتاتوری مذهبی است. این یک پروژهٔ ضد ملی، بسیار گران به لحاظ اقتصادی و بسیار به ضرر مردم ایران است. مردمی که ۷۰الی ۸۰ درصدشان زیر خط فقر هستند. در حالی که ایران، تعداد بسیار زیادی چاه‌های نفت و گاز دارد، هیچ احتیاجی به انرژی هسته‌یی ندارد. بنابراین خیلی روشن است که این رژیم دنبال بمب هسته‌یی است. از این‌رو از سوی مقاومت و مردم ایران می‌گویم که ما خواستار توقف پروژهٔ اتمی هستیم (۶).

پانویس:

۱- سخنرانی مریم رجوی در اجلاس سه روزهٔ شورای ملی مقاومت ایران به‌مناسبت آغاز چهلمین سال تاسیس شورا - ۲ تا ۵مرداد۱۳۹۹

۱- سخنرانی مریم رجوی در دومین اجلاس جهانی ایران آزاد-۲۰ تیر ۱۴۰۰

۳- موضع‌گیری در مورد توافق اتمی بین رژیم آخوندها و کشورهای ۱+۵- ۲۲تیر ۱۳۹۴

۵- سخنرانی در دومین اجلاس جهانی ایران آزاد- ۲۰ تیر ۱۴۰۰

۶- بخشی از مصاحبهٔ تلویزیون فاکس نیوز با مریم رجوی- ۱۲ تیر ۱۳۹۳